U0507096

布莱希特传

朱万江◎著

时代文艺出版社

图书在版编目（CIP）数据

布莱希特传 / 朱万江著 . 一长春：时代文艺出版社，2015.12（2023.7重印）
（世界文学大师传记丛书）

ISBN 978-7-5387-4874-1

Ⅰ.①布… Ⅱ.①朱… Ⅲ.①布莱希特，B.（1898～1956）－传记Ⅳ.①K835.165.6

中国版本图书馆CIP数据核字（2015）第210630号

出 品 人　陈　琛

责任编辑　闫松莹

助理编辑　孙英起

装帧设计　孙　利

排版制作　隋淑凤

本书著作权、版式和装帧设计受国际版权公约和中华人民共和国著作权法保护

本书所有文字、图片和示意图等专有使用权为时代文艺出版社所有

未事先获得时代文艺出版社许可

本书的任何部分不得以图表、电子、影印、缩拍、录音和其他任何手段

进行复制和转载，违者必究

布莱希特传

朱万江　著

出版发行 / 时代文艺出版社

地址 / 长春市福祉大路5788号　龙腾国际大厦A座15层　邮编 / 130118

总编办 / 0431-81629751　发行部 / 0431-81629755

官方微博 / weibo.com / tlapress　天猫旗舰店 / sdwycbsgf.tmall.com

印刷 / 北京市一鑫印务有限公司

开本 / 710mm×1000mm　1 / 16　字数 / 145千字　印张 / 12

版次 / 2015年12月第1版　印次 / 2023年7月第3次印刷　定价 / 36.00元

图书如有印装错误　请寄回印厂调换

目录
Contents

　　不知道是否真的可以仅仅用文字就将一个传奇人物的传奇一生书写淋漓尽致，也许或多或少都会有渲染的成分在其中。然而每一个接受采访的名人，在述说自己的人生时，也避免不了会有避重就轻的时候，但无论如何他们对后世产生的影响是绝不会被抹杀掉的。

　　本书要讲述的是一个曾有多年流亡经历的戏剧家，出生在奥格斯堡的一个普通家庭，他的家人几乎都从事着造纸业，只有他从小就对戏剧有很高的天分，不仅对自己的作品要求极高，而且在导演自己的戏剧时，更是一丝不苟，他的许多东西在如今的文学界看来，依然是一份宝贵的财富。

　　他桀骜不驯，一意孤行，在众多人眼中，他性格古怪难以靠近，虽然从小体弱多病，但是却一直坚持自我，在家人眼中也是一副特立独行的样子。但熟悉他的人，尤其是能够和他成为朋友的人，都很佩服他在工作时的一丝不苟和严谨的态度。

他喜爱戏剧，从初中起就能够独立完成独幕剧的创作和排练，他高傲且自大，但是却在戏剧路上付出了自己的一生，他无怨无悔。他机智勇敢，在面对危险和迫害时，他懂得明哲保身，不让自己陷入众矢之的。

16岁起他就和众多女人纠缠不清，他的爱情和事业永远都是绑在一起的。他不喜欢孩子，更不喜欢婚姻的束缚，虽然他最后选择了婚姻，但是身边也从来没有缺少过情人。就算明知道他有太多的情人，还是有女人为他的才华倾倒，直到生命的最后一刻。

自从迷上马克思主义理论开始，他就试图将这一理论融入自己的创作当中去，他从来没有参加过任何党派，但是却用一生来证明自己对于共产主义事业的支持。

他为了能研究新的理论，可以和文学大家进行激烈的争论；他为了能生活下去，可以去不知名的剧院工作；他为了要争取自由，可以和妻子签订协议；他为了哄情人开心，可以写各种情书；他为了能够将共产事业进行到底，可以逃亡十五年……

他虽然是一位欧洲的戏剧家，可是在戏剧方面，他对中国的影响同样是巨大的。他运用自己的才华，在戏剧变革中把文艺和社会结合起来。在他设计的戏剧中，既有简单朴实的社会生活画面，也有意义深远的历史元素。在二者的转变与结合中，给观众带来思考的空间。这种特殊的戏剧创作手法，在中国戏剧工作者心中留下了深刻的印象。

特别是在旧社会中，中国戏剧趋于贫困化和公式化，急需要引进新的叙事化剧种。这种新叙事理念的灌入，削弱了中国戏剧的传统问题，让中国戏剧在变革中，受到越来越多新人的关注。

也许他的一生都是荒唐的，虽然有众多的剧本问世，但是在那个动荡的年代，他固执的创新无法引起观众和其他作家的共鸣，他常常将自己陷入困境，但倔强的他却一直都没有想过要放弃这份事业。

创新的过程中，他提出了一个新的戏剧理论——陌生化。所谓的陌生化，就是找出戏剧中人或事物最显而易见的特点，然后把这个特点剥去，让人们对戏剧产生一种陌生感，进而感受到戏剧的新奇。其实，这一理论早已存在，精神学家黑格尔曾在自己的作品中说："熟悉并不意味着理解，人们往往由于熟悉而忽视了事物原本的特点。"

戏剧中的人或事物，都存在着一定的"熟知性"，如果能够把这种"熟知性"去除，让观众和戏剧产生一种距离感，他们就会重新审视戏剧，更深刻地了解和感受戏剧。而这一个过程就是让观众积累陌生的东西，直到从本质上理解它，真正意义上的理解。

后来的逃亡生活让他越来越确定只有改革和创新才适合新时代的生存方式，在各国流亡也让他更加清醒地认识到文化的差异，带给每个人的感观上的区别。尽管他的文学作品得到的肯定并不多，但是他为了国家发展，在政治方面做出的贡献是有目共睹的。

他创作出来的戏剧，享誉整个德国，对世界戏剧的发展也有着很大的影响。后来，他的戏剧单独成了一种学派，这个学派在继承和发扬欧洲现实主义的同时，借鉴东方戏剧文学，在日本和中国古代戏剧中吸取精华，为发扬世界戏剧而努力。

也许每一个剧作家都希望自己的作品能够被大家认可，更希望搬上舞台的剧作是由自己来指导的，他为了能够回到自己的国家并且拥有属于自己的剧院，一直都在拼搏努力着，直到生命的最后，他终于如愿以偿。

他就是在戏剧事业上做出重大贡献的戏剧家——贝托尔特·布莱希特。

第一章　非同一般的青少年时期

1．上等人

　　奥格斯堡原本只是一个新兴工业城市，坐落在德国的一个角落，但却在1806年因为战争失去了统治权，最后划分给了巴伐利亚。即使如此，这里的居民依旧保持着旧的生活习惯，在别人问起籍贯的时候，总是很自豪地称自己是"黑森林人"。

　　布莱希特家族在奥格斯堡是"富人"，家里的每个人几乎都拥有一个很耀眼并挣钱的职业。祖父贝特霍尔德·布莱希特拥有一家自己的石印所，他的大儿子是一家印刷厂的工人，而小儿子，也就是布莱希特的父亲则是凭借自己的努力，在奥格斯堡最有名的海德塞造纸厂工作。贝托尔特·布莱希特就出生在这样的一个家庭。

　　1898年2月10日，贝托尔特·布莱希特出生在奥格斯堡，他的出生不仅让全家上下都很兴奋，而且似乎还给他的父亲带来了好运，从小职员开始被一路提升，最后还担任了造纸厂厂长的职位。

　　布莱希特是在一个富有并温馨的家庭中长大的，他从小的愿望就是能够成为一个木匠，虽然他的家族中没有人从事这个行业，但他的先辈中有很多人都对木材的加工技术很有研究。祖父母房里那些考究的装饰和能够见识足够功底的桌面，更是让布莱希特在很多年后依然对木匠这一行业念念不忘。

　　布莱希特的祖母卡洛琳娜·布莱希特在78岁时失去了丈夫，虽然这个打击对她来说很大，但是她依然追求着属于自己的自由。在当地他们是上等人，是绝对不允许和下等人有过密的接触的，可卡洛琳娜根本不管这些，她喜欢和皮鞋匠家的女厨子一起去看电影或是赛马，这在其他人眼里看起来是件很丢脸的事，但是布莱希特却很崇拜自己的祖母，在晚年还能为了自由和自己的阶级做斗争，这不是每个人都能做到的。这也是促使布莱希特从写作开始就疏远这个阶级的原因。

布莱希特的外祖父母一直居住在瓦尔德湖附近的一个小村落，在晚年时候选择了在奥格斯堡和自己的儿孙在一起。布莱希特的母亲索菲是在1897年和父亲结婚的，当时他们的房子在一条满是小作坊的街上。

到了1900年，父亲因为工作出色，分到了海德塞基金会宿舍里一套很大的房子，这里满是布莱希特的回忆，即使从这里搬走，美丽的田园景色，宁静的林荫道，总会时不时地出现在他的脑海。

布莱希特有一个比他小几岁的弟弟，原本应该弟弟更需要人照顾，但是他从小体弱多病，这让母亲更加用心，多年来一直坚持接送布莱希特上下学。在他的眼里，这是母爱的伟大，可他却遭到了同龄人的嘲笑。但布莱希特总是有办法消除他们的偏见，他在游戏里坚持自我并独创木偶剧，这让身边的小朋友都很佩服他。

每个家庭可能都会有自己的宗教信仰，无论是父亲的天主教还是母亲的基督教，但在教会小学的课程表里，布莱希特真正感兴趣的只有《圣经》，在别人眼里他就是一个《圣经》通，所以在15岁的时候创作出的《圣经》剧本，也并没有让很多人感到吃惊，即使在多年后的访问中，问到什么书对他的影响最深时，《圣经》依然毫无疑问地是他的标准答案。

1908年秋天，布莱希特升入高中，在刚开始的几年时间里，在老师和同学眼里，布莱希特只是一个很老实、成绩平常、只有作文能拿到高分的学生，他与淘气根本沾不上边，但是他却总有很多对付老师的方法。

有一次，布莱希特的同学马克斯·霍恩斯特为了更改考卷分数将错题部分用小刀划掉，然后去找老师理论，最后被老师扇了耳光，但布莱希特却将正确的部分画上了错误的杠杠，结果可想而知，他用这种方法让老师把分数进行了提高。

布莱希特不喜欢老师们的教育方法，他认为在高中的阶段都是在浪费时间，他唯一学会的就是独立的意志和优哉的心态。虽然他犀利的文笔总能让老师刮目相看，但是在八年级之前，他一直都没有在自己的文章中发表过任何敏感的言论。

布莱希特在1913和1914两年里，连续用贝尔托尔德·欧根的笔名发表了一些作品，《圣经》的第一个完整的独幕剧也发表了，只是其中阐述的意思，让很多年轻人都觉得没有什么实际意义，所以这部剧并没有让他出名。

虽然之前的作品并没有什么大的反响，但布莱希特对自己很有信心，他认为自己是天生的艺术家和文学家，他开始大量阅读，并有针对性地发表作品。布莱希特身边并没有太多的朋友，而且在别人眼里也太过特立独行，不过还是有很多人崇拜他。

家里人很早就不再管束布莱希特了，认为他完全可以把握好自己的人生。在学校，鲁道夫·卡斯泊尔·内尔是他最好的朋友，内尔在他的作品上给出了很多中肯的意见，而他也是内尔草图和速写的第一个欣赏者。

一直都有人认为布莱希特从中学时代就开始在政治上偏左，可是当时他的很多作品都是在崇尚爱国主义和德国至上的精神，只是后来经过了一些事才开始更多地考虑战争受害者的感受。

2．放荡不羁

战争爆发时期，学校全体师生都投入到保卫祖国的队伍中去，一些不能上战场的男子都会加入一些民间自发的保卫组织。学校里很多老师都在这些组织里担当了重要的职位，只是因为德国总统颁布的相关法令比较严格，布莱希特并不喜欢去执行劳力，而是更喜欢发挥自己在语言上的作用。在他监视敌机的过程中，还极力想用文字来感染更多的年轻人参加这项工作。

一战爆发后没多久，布莱希特在《叙述者》上发表了自己的第三篇文章，这篇文章一改之前的谴责和疯狂，更多的是融进了自己的亲身体会，鼓励热血男儿要坚决去战场，为了祖国的荣誉而战。

当报刊主编开始在他的文字中看出一个16岁少年的老成时，布莱希特却开始偏离自己的初衷，虽然他还是在鼓励人们去爱国，却对战争多了一份狂热，让人颇为担心，当老师看到他写的一篇关于反对为国牺牲的文章时勃然大怒。

学校老师开始分为两派，为了应不应该责令布莱希特退学而争吵不休，最后在绍埃尔神父的极力说服下，才改为对他进行严厉的批评。这件事也促使布莱希特开始注意在学校里谨言慎行。

1916年7月开始，布莱希特正式将之前的笔名改为贝尔特·布莱希特。当时的他开始阅读大量的杂文，只要他可以看到的，一概不管什么内容，都要细细读一遍，而他最崇拜的就是当时的几大诗人，他从别人的作品中似乎能看到自己的未来，并想到了以后将要负起的责任，在给内尔的一封信中他曾经提到过，"现实"给了他更大的发挥空间，真正的艺术是需要虚实融合的。

布莱希特不仅有文学方面的天赋，在组织集体创作和发现与利用人才方面也很早就表现出一定的能力，他常常和朋友们就地取材，进行诗歌和剧本创作，并且相互点评和修改，他乐意将别人的好句放进自己的诗歌里，也乐意听朋友们对他作品的指点，他觉得创作就应该随性些。

布莱希特不仅有内尔这个好朋友，还有后来被他称作是"米勒艾塞特"的奥托·米勒，后来还多了很多崇拜者和追随者。布莱希特很重视与他们之间的情感，总是会很贴心地将他们之间发生的事用日记的方式记录下来。有时候他和朋友们会根据各自擅长的，将好的剧本片段和诗歌画面演绎出来，供大家欣赏和点评。

有一天，布莱希特去照相馆拍照，想要将自己的相片放在学校的名人栏里。当时摄像师告诉他应该多锻炼身体，才能保持健康状态，只是这么多年根本没有人能劝说成功。

因为心脏天生有问题，布莱希特不能像正常人一样做剧烈运动，也因此一直都没有被征入伍，而他的好朋友们却相继报名参军去了前线。

没过多久，布莱希特和其他留下来的学生通过特殊方式举行了毕业典礼。原本认为自己已经开始能够准确地把握人性的本质，可是没用多久，他就知道自己远没有学会在政治上思考问题。

中学毕业之后，布莱希特不想太早就离开父母离开家，所以一直留在奥格斯堡闲逛。从父亲偶尔流露出来的遗憾眼神中可以看出，父亲其实是很希望布莱希特能够学一门赖以生存的手艺，不过对于儿子的放荡行迹，父亲也并没有过多苛责。

母亲虽然很疼爱大儿子，但是每当听到大家议论布莱希特的越轨行为时，还是感到非常痛心。虽然知道母亲都是为了自己好，但是布莱希特并不愿意违背自己的意愿，而又不愿意做一个不孝的儿子，所以从来都只是把母亲的话当作耳旁风。

母亲的规劝并没有让布莱希特有所改变。17岁的他就已经在一个妓女那里学到了"成人知识"，为的是满足只有15岁却已经很成熟的女朋友的生理需要。布莱希特似乎总能遇到令自己心动的女孩儿，只是每次都有始无终。

布莱希特参加五月祈祷日时认识了一个让自己很满意的女生，只是每次求爱都遭到拒绝，就连自己花了整晚心思写的情书，最后也被女生的父亲给藏了起来，这件事让他很失落，但反而得到了他学友表妹的芳心。之后，布莱希特又喜欢上了自己定期去的那家书店的三个女营业员，他喜欢和她们一起去划船，觉得那样很美，他总是花心思哄女孩子开心，以达到自己的目的。

1917年，布莱希特又相中了索菲亚·雷纳尔，只是索菲亚对他并没有感觉，无计可施的布莱希特只能求助自己的好朋友内尔，他求内尔将自己相思时的样子画下来，并写信给索菲亚，告诉她自己现在的状况，同时他还要内尔帮忙画一幅讽刺画给罗塞玛丽·安娜，因为她和自己在一起的时候还有其他的情人。

曾经布莱希特想要和罗塞玛丽的关系变得更为亲密一些，他的一首很著名的诗歌《对玛丽·安的回忆》就是写给她的，只是现在他失望了，那个曾在自己眼里美丽至极的女孩现在却变得非常丑陋。

后来布莱希特开始和几个女人保持关系，除了罗塞玛丽之外，还有简称比的保拉·本霍尔策尔，因为和自己的关系，比得到了他朋友的尊重，在好朋友都去军营的那段时间，比经常去布莱希特家的阁楼陪他，布莱希特有时会为她唱歌并写诗给她。

虽然比十分忠诚，而且两人的关系也开始朝着结婚的方面发展，但是布莱希特渐渐发现自己想要的似乎并不是婚姻，而是觉得和女人在一起可以有利于他的创作，但是比的紧逼却让他感到了压抑，布莱希特希望彼此能够暂时分开一段时间。

1918年7月，比第一次没有来例假，这个情况让布莱希特第一次感觉到了恐慌——他现在还没办法接受一个孩子的降临。尽管布莱希特并不觉得这是一件丑事，只是觉得若是因此而被拖累就太麻烦了。

虽然布莱希特中学毕业后就一直无所事事地到处闲晃，但他知道自己是一定要成为作家的。他每天都会创作新的诗歌，构思新的剧本，但是除了朋友，并没有其他人喜欢他的作品，他也并没有因此获得经济效益。9月的时候布莱希特找了一份家教的工作，后来他开始按照父亲的意思准备上大学的事宜，10月2日布莱希特在慕尼黑的路德维希·马克西米利克大学的哲学系注册成一名大学生。

3．大学初体验

布莱希特从来没有想过上大学可以学到什么东西，选的学科也根本没有坚持去上课，只是在刚开始的时候确实想过要努力多上几节课，希望自己能有机会可以去军营锻炼，然后再系统地学习知识。

布莱希特每天花很长时间在大学的剧院和实验室之间奔走，为了能够找到一个合适的环境，他会经常换地方居住，周末的时候他会回到家里和自己的朋友进行新的写作和计划讨论。他需要有人和他进行讨论，不然他的思维和想象都会枯竭，但是他始终都不喜欢大学生活。在给内尔的信中，他提到大学里到处都是空谈家，虽然他们都很有教养。

布莱希特提到的空谈家大多指的是由库切尔主讲的研究班的人们，这个班里很多人都是在进行文学评论方面的联系，库切尔把他认识的当代诗人和文学家介绍给班里的学生。在这里布莱希特可以更好地练习自己的"矛盾思维"，不过他还想把库切尔当作自己的导师并能够利用他。

1918年1月，弗兰克·魏德金德参加了"告别酒会"，他是布莱希特很崇拜的演员和朗诵家，当他亲眼领略到大家风范时很激动，觉得只有在巨大的偏见和压力下创作出来的作品才是真正的颂歌，魏德金德的活力对布莱希特来说也起了一种魔力的作用。

但是很不幸，1918年3月，魏德金德却意外去世，布莱希特知道消息的时候还有点不敢相信，他用最短的时间赶到葬礼现场，在自己的偶像面前深深鞠了一躬，在葬礼上的一切都让他记忆犹新。

春天到来的时候，布莱希特身边的朋友开始陆续走进军营，5月份布莱希特也要再次进行体检，但是为了能够不做出无谓的牺牲，他必须要提前找到一个应对的方法，还好正在学医的盖埃尔给他出了一个不错的主意，他开始选修了医科，就算必须要去军营也会被直接分到卫生队。

整个5月份布莱希特都在努力、认真地去听医学课，虽然他很不喜欢解剖，但是为了以后他总是能够自我安慰。但在学习之余，他还是会努力创作剧本《巴尔》，如果还有空余时间的话，他还会和比在黑夜说些悄悄话。

5月初，在库切尔的研究班里，布莱希特对《开端》做了批判性的报告，而这部小说的作者就是表现主义剧作家汉斯·约斯特，30日的时候，《巴尔》和首次上演的《孤独者》唱起了对台戏。

布莱希特是个讨厌表现主义的人，而约斯特的小说却恰恰表达的就是这种表现主义精神。他只想随心所欲地做自己的事，不想被任何事或者人束缚，他用激烈的文字表达着不满。在写给内尔的信中也提到，他的创作只是为自己为内尔，不过在晚年时，他也曾修改过作品中的一些革命思想。

布莱希特用了一个月的时间写完《巴尔》的整部戏，在打完手稿之后，他拜托自己的父亲将作品寄给一些有影响的人物，对于大儿子的要求，父亲很少会拒绝，反而当他的作品遭到拒绝时，他会极力维护。

库切尔收到自己学生的手稿时非常不屑一顾，并写了一堆很难听的评语，这让布莱希特开始怨恨自己的老师。而约斯特的反应就比较容易让他接受，在几次书信来往之后，两人开始时不时地见面，谈论关于戏剧方面的问题。

1918年暑假开始后，布莱希特每天都在等待入伍通知书，即使这样也没能阻止他和朋友们一起出去游玩和创作，当然还有保拉的陪伴。不过他最想念的还是内尔，自从内尔去了前线，他每次写信都是报喜不报忧。

内尔常常寄些画给布莱希特，他觉得这些画都很有价值，还帮忙投去给杂志社，只是内尔的画大多都是抽象画，所以总是无功而返。有时布莱希特也会劝内尔画些现实点儿的，但是内尔坚持自己的讽刺画更有意义。

布莱希特平时总能让内尔听自己的话，但是内尔不想做逃兵，所以无论布莱希特怎么诱惑内尔不去当兵都无济于事，他只能怨自己的命不好，即使布莱希特提出要单独和他在家里过圣灵降临节都没有能让内尔改变主意。

既然劝说起不了作用，布莱希特就给内尔下了最后通牒，要他在自己服兵役之前必须回来一趟，终于内尔的休假被批准了，这让两个很久没有见面的朋友都很激动，他们过了一段只有两个人的快乐日子。

布莱希特家的阁楼，是他和朋友们一起策划各种活动的地方，这里承载着他们一起走过的青葱岁月，这里有他们太多无法割舍的情感，当然这里也记录着天才的成长。只是布莱希特再也没有办法像以前那么顺利地去结交女孩儿，女孩们见到他都会躲开。

　　10月的时候，布莱希特正式入伍，经过几个月的训练之后，他被分到了奥格斯堡的医院，只不过这里的一切都很简陋，而这个医院也主要是为那些患了性病的军人们治疗。布莱希特当时还特别写了一首诗来讽刺这件事。

　　战争的一切都让布莱希特很反感，但是在这个敏感时期，他也必须要小心谨慎。值得一提的是，他的上司是布莱希特家的好友，所以对他的言行都很宽容，也给了他很大的照顾，第二年年初，那个上司就因此被军队开除。

第二章　踏上人生路

1．只是想创作

布莱希特所在的地方成了战争中心，为了能够更好地从事政治活动，他一直奔走在最前线，还在1919年向学校提交了暂时休学的申请。到了12月份，慕尼黑有了一个名为斯巴达克的组织，这个组织专门针对政府不良的政策，并鼓励人们加入到革命队伍中去。

库尔特·艾斯纳尔是政府首脑，一直致力于苏维埃加国会式的政权，对于反革命和革命派显得很反感，时不时就会用退位来威吓各派，但是敌人却伺机而动，直到最后各地领导人相继被击杀的情况下，秩序才慢慢开始恢复。

在库尔特·艾斯纳尔被杀之后，一个新成立的革命小组宣布成立苏维埃共和国，但是却没有任何共产党加入，后来由于内部矛盾重重，被由共产党和工人阶级组成的新苏维埃共和国接受，只是这个政府最后也被政府局击破攻占。

1月份的时候，布莱希特参加了德国对社会民主党的选举大会，有人猜测他可能是这个党的成员，他确实很喜欢这个小组，还曾经和内尔帮助过城防司令逃亡，在和朋友的交谈中他也表示很欣赏苏维埃的制度，但事实上布莱希特并没有加入共产党。

在布莱希特的一帮朋友眼中，革命只是一场刺激的冒险，不过还是有很多人站错了立场。其中米勒艾塞特曾经是志愿兵，并且是爱普将军身边的一个密探，为了能让他回心转意，布莱希特不惜要威胁他，最后才迫使他下决心不再做志愿兵，而这期间布莱希特的弟弟也拥护着爱普将军。

1920年1月10日，布莱希特和他的朋友们在一个小酒馆里举行了聚会。那天他演唱了很多首自己创作的新诗歌，内尔也为每首诗歌搭配上了鲜明的图案，在诗歌里，布莱希特充分表达了自己对战争的愤怒和绝望。

布莱希特用自己的方式去诠释战争，但是他对政治的理解还远远不够，他看到的和所表达的都还没有到更深的层面，只是用诗人的眼光去看待所发生的一切，除了空想和声明并无其他。

十一月革命还没开始就已经输了一半，全国超过一半的人都不赞成革命，罗莎·卢森堡在杂志上要求人们不要过早地低估了革命形势，只是因为革命派的成立目的都不纯粹，而从战场上回来的士兵被左派当成了英雄，这一结果已经胜败分明了。

布莱希特开始想要根据现状创作新的剧本，因为报业区的游行给了他新的灵感。《斯巴达克》就是这部剧的名称，内容大概讲述的就是一个士兵在被俘四年后回到家中，却发现自己的未婚妻和别人举行婚礼，就在他绝望地加入报业区游行时，他的爱人决定放弃婚礼并重新和他在一起，只是他再也不对战争抱幻想。

后来《斯巴达克》改名为《夜半鼓声》，布莱希特晚年的时候曾回忆说，这部剧本是最矛盾的作品，他偏离了当时创作的初衷，最后不得不因为主人公立场而将这个作品改为喜剧。原本布莱希特是要将主人公打造成一个让反动派惧怕的形象，但结尾却很现实主义，只是在政治倾向上发生了错误。

布莱希特最初是希望可以通过成功塑造主人公的形象，来反映当时现实主义革命精神，只是作者当时看待战争的眼光还太过狭隘，根本没有意识到战争本身的实际内容，他想要把这部剧当作教育剧，只是后来发现很难，故事的主人公始终都是一个很特殊的典型，并不能代表所有的战争，但这一切并没有妨碍布莱希特想要写一部时代剧的决心。

布莱希特后来将这部剧一改再改，最后定下来的不仅突出了主人公的形象，又加深了共产党员在剧中起到的决定作用。1919年3月，布莱希特拜访了当时很有名的作家里昂·福伊希特万格。虽然福伊希特万格对布莱希特的印象并不好，但还是很肯定这部剧作。

然而布莱希特自己却并不满意，又将《巴尔》推荐给他。后来福伊希特万格将布莱希特带来的这两部剧作很出彩的内容都放到了自己的新剧《托马斯·文特》中，这一举动让布莱希特很不愉快，认为这是在抄袭他。

后来在福伊希特万格的帮助下，《半夜鼓声》被送到了当地的一个小剧院，准备由他亲自担任导演，并进行排练演出，但就在正式排练前，布莱希特却开始整理并修改这个剧本，最后不得不由剧院的院长亲自上阵导演。

《夜半鼓声》首演非常成功，并为他创作时代剧做了一个很好的铺垫，虽然这一切看起来似乎有点晚，但是在布莱希特眼中却非常值得，自己的努力终于得到了回报和肯定。

2.我要自由

布莱希特很想通过这部剧作挣到钱，但还是失望了，就在这个时候，保拉再次被证实怀孕了。布莱希特的父亲希望他可以继续读书，可这个骄傲的青年却希望可以让所有人都能承认他是作家，为此他开始修改《巴尔》。

新的《巴尔》诞生在苏维埃共和国失败之初，布莱希特夜以继日地修改《巴尔》，其中不仅修改了《巴尔》要表达的内容，而且还加入了很多他们小时候的情景在里面，一再的修改让这部剧越来越真实。

在进行修改期间，布莱希特认识了三位好帮手，他们对他的手稿进行校对和打手稿，这让布莱希特感到很欣慰，不得不提的是他们三个都是他欣赏的那类纨绔子弟，只是他很看重三个人之间的友谊，经常和他们一起写作嬉戏。

1919年7月，保拉在父母的农舍诞下一个男孩儿，为了纪念自己的偶像，布莱希特给孩子取名弗兰克，不过他明确地告诉保拉，他是不可能结婚的。在别人的眼中，布莱希特很恐惧婚姻，甚至咒骂和他发生关系的女人，似乎这一切都和布莱希特没有关系。

可是对于保拉，他们的关系不仅仅是友情，他只在保拉的面前展现过自己的脆弱，也曾在朋友面前表示自己只爱"保拉和乔治"，他欣赏保拉的纯美和朴实，后来为了纪念他们的分手，布莱希特还送了一本修改过的《巴尔》给保拉。

1921年，布莱希特拜托海伦娜·威格尔给保拉找一份待遇好点的工作，可是她放不下这里的一切。那个时候她才结婚不久，虽然过得也并不快乐，她的丈夫不喜欢布莱希特的孩子，后来这个孩子被海伦娜·威格尔送到了亲戚那儿，在孩子25岁的时候才被保拉接回家，后来在战争中，死在了俄国。

1919年春天，布莱希特重新入学，但是他一直都没有放弃过自己的创作，上得最多的课就是库切尔的课，只有在那儿他才能畅所欲言，可是他的过激言论也让库切尔很愤怒，认为他并没有作家的天分。

6月份的时候，布莱希特喜欢上了卡尔·瓦伦丁的表演，对于他的那种夸张和不合逻辑的表现手法，布莱希特喜欢得不得了，后来他把当时很多崇拜的明星的出名手法都用到了自己的创作中去。

秋天到来的时候，布莱希特创作了五部瓦伦丁式的独幕剧，这些都是颠覆了以往的创作理念，尤其是《小市民的婚礼》最为成功，深刻刻画了小市民的崩溃生活，也表现了一种在德国并不常见的性感景象。

布莱希特的独幕剧拥有自己的风格，一方面生动地刻画了小市民家庭生活，一方面又无情地揭露了小市民的虚伪，他的朋友都很喜欢他的作品，这让他感到很满足，即使经常会被退稿，也没能打败他的自信。

为了能够挣钱，布莱希特开始筹划电影剧本之类的作品，可是出现在报纸上的多半是他的书评，而且即使是这样，登出来的内容还都是经过编辑再次修改的，不然按照布莱希特的个性，书评也只有被退稿的下场。

布莱希特从来不知道什么是收敛。他不仅提议要让市长贴补剧院，还一一列举了奥格斯堡剧院里那些蠢材们的行径，并抨击各种他不喜欢的戏剧作品，他的行为惹怒了剧院里的大部分人，但他一点都不在乎，还一直坚持自我，直到他因此失去了唯一的赚钱机会才作罢。

经过了各种事情，布莱希特依然不知道谦虚，他总是高估了自己的身价和社会地位。尽管有福伊希特万格的推荐信，可他依然没有找到合适的工作，这样的情况一直持续到布莱希特不得不下定决心重新考虑自己的未来。

1920年秋天，布莱希特开始为在柏林发展做着各种准备，如果不是卡普暴乱打乱了他的计划，也许在舞会上认识的那个让他钟情的姑娘就会成为他的座上宾。只可惜事与愿违，他回到奥格斯堡之后还时常写信给那位姑娘，直到4年后他认识了另一位让他心动的女人。

回到奥格斯堡的布莱希特并没有因为在柏林的失败而学会反省，即使是母亲的离世，也没能让他在感情上学着收敛。几年的时间里他不停地更换身边的女友，而且和他发生过关系的女人们也总是或多或少地和他有着联系。

乔治·米勒在1920年的时候打算出版布莱希特的《巴尔》，但因为作者修改之后的版本涉及了很多敏感话题而不敢出版。可在布莱希特眼里，自己也是为了能够出版这个剧本而修改得面目全非了。

青年时代的布莱希特更喜欢和小伙子在一起，这对于他来说更加放松和自在，在他的日记里总能看到除了豪言壮语之外的惊人认识和思想活动。继续学业的布莱希特依然过着逍遥的日子，一边上课，一边和让他喜欢的女生快活，就在玛丽安娜被证实怀孕之后，他依然坚持即使生下孩子也不会同她结婚的理论。

1921年秋天快结束的时候，布莱希特被开除了，虽然他并不去上那些在他眼里无聊的课程，但是学费还是应该交的，可是他完全没有想到这些。被退了学之后的布莱希特马不停蹄地赶往柏林，因为他决定要再次去柏林发展。

3. "巴尔"情结

巴尔身上所体现出来的人物个性，整整吸引了布莱希特一生，即使在以后的日子里曾经无数次地修改和创新，但是在巴尔身上始终留着积极去追求享受和幸福的一面，甚至在其他的作品里，布莱希特都在有意识地增强人物的"巴尔精神"。

可是想要将《巴尔》修改得更加完美并不容易，再加上想要和已经取得成功的《孤独者》抗衡就更加不易，但布莱希特骨子里就根本没有认输这两个字，他一边收集更多来自现实生活的资料，一边不忘和自己的好朋友讨论。

"内尔，怎么样才能让《巴尔》的人物能够和《孤独者》相对应呢？"已经不知道撕毁了多少稿纸的布莱希特有些懊恼。

"这个就要看你想要怎么去表达！在我印象里似乎《孤独者》

整部剧想要表达的是艺术是整个生命，而只有孤独才能够成就天才。"内尔吸了一口烟，语气也并不轻松。

"艺术？生命？"布莱希特反复地读着这两个词，脸上的笑容也越来越多。

之后布莱希特似乎思路一下就被打通了，他在剧本里越来越清晰地表达了艺术远没有生命重要的思想。而《巴尔》始终都是一部喜剧，即使其中的情感关系太过复杂，也恰恰符合了布莱希特在写作和生活之间建立起来的观点。

这里要特别提到的是，巴尔这个名字起源于当地一个贪婪的土地神，在创作中布莱希特也将巴尔的贪婪发挥得淋漓尽致。剧本的创作都是有原型可找的，但曾让布莱希特当作是原型的搬运工并没有起到多大的原型作用，更多的是将发生在自己身上的经历和曾给过他榜样作用的人们的经历进行了文学加工，当然少不了他喜爱的魏德金德和哈姆生的影子。

布莱希特在最后一次修改《巴尔》的时候提到，不是所有人都能看懂自己的作品，巴尔没有人性，恰恰他也生活在一个没有人性的世界里。他创作这部剧时和最后修订本时和巴尔的距离已经不是根本问题了，巴尔的出现促使了人们对人性的考量。

1926年，布莱希特从思考《巴尔》修改的问题上延伸出了相关的教育剧，这部剧让巴尔再次担当了重要的角色，也再次告诉人们在生活中要正确估量自己的力量，给予的同情并不比别人赏赐的东西强。

不过这一切都只是布莱希特的美好愿望，他并没能如期地完成这部教育剧，虽然他希望借助这部教育剧对《巴尔》的现实性进行扬弃，但他将社会主义的大生产理解为了大的制度，制约了自己的思想。

1954年，布莱希特开始重新审视巴尔这一人物，虽然他不得不承认这部剧作并没有多大的智慧，巴尔所崇尚的哲学比照现实中的世界观也并不高尚。可人们却用自己的理解去解读了巴尔，各种版本的理解让布莱希特有些措手不及，但是最终他们对巴尔勇敢追求幸福的理解还是很合理的。

布莱希特一直希望通过多年来创作的有关巴尔的剧作，让观众明白巴尔始终都是一个无法社会主义化的人，但可惜的是能接受这部剧作的观众都是反对社会主义的人们，这让布莱希特很遗憾。

布莱希特从来没有否认过巴尔追求幸福的要求过高，但对于巴尔因为这个要求而付出的代价却有些不认同，只想着享受是没办法生存下去的，巴尔最终的结果是没有在享受中得到自己想要的幸福。

布莱希特在后来为自己早期的创作集写序言的时候，提到了想要写新的剧本《福星旅行记》的打算，当然这个剧本的主题依然是对幸福的追求，甚至布莱希特别出心裁地想到要运用中国神话里的"福星"，这部剧是本彻头彻尾的唯物主义作品。

巴尔想要在没法对抗的世界里成就自己的享乐，但是他忘记了只有在一个充满劳动力，而不是剥削的现实社会里，个人的幸福追求才能真正成为公众幸福的一部分，不然只能是一种毁灭力量，不仅毁了别人也毁了自己。

第三章　历经坎坷期

1．我就是唯一

1921年秋天，当布莱希特再次来到柏林时，他似乎看到了成功的曙光，尤其是在他创作的新小说《贝尔干认输了》被著名的报刊登出之后，便开始有商人络绎不绝地找他谈合作的事宜，甚至有些不惜派出自己的秘书，但是布莱希特并没有失去理智，他只想和最高领导人谈话，因为只有丰厚的稿酬才能让他点头。

忙碌应酬的日子并没有让布莱希特多保持一些热情，他很快就厌烦了每天奔波却一无所获的状态，他给远在奥格斯堡的女友写信抱怨，虽然有很多人想要和他谈合作，但是到目前却没有一个人和他签约，每天奔波到半夜，还是一点儿结果都没有。

不过值得庆幸的是，在柏林，布莱希特认识了两个好朋友，弗兰克·瓦尔绍尔虽然挣钱不多，但是却愿意和布莱希特一起分享，即使是玛丽安娜过来陪布莱希特时，也一直没有改变过享受的习惯，但布鲁诺恩的出现却让玛丽安娜开始嫉妒。

布鲁诺恩和布莱希特可谓是一见如故，他们喜欢一起做事，一起做创作研究，但是在布莱希特心里，布鲁诺恩只是他众多朋友中的一个，而布鲁诺恩却把布莱希特当成唯一的朋友。不过他们总能不放过任何一个可以宣传自己的机会，即使宣传的手法并不得当。

虽然运用了宣传手法，可他们依然没有收入，时常得饿肚子，直到布莱希特因病住院后，玛丽安娜劝说布莱希特回慕尼黑，但是他却执意留下来，而且开始享受在医院里的生活，最后因为常有人来看望让他深受其害，不得不提前出院，直到1922年3月份，他们两个的工作才有了好转。

一家出版社和布莱希特签订了《巴尔》的出版合约，一家青年剧团也和布鲁诺恩签订《弑父》的演出合作意向，并且邀请布莱希特做导演。虽说是青年剧团，但却没有固定的演出场所，不过布莱希特也乐意接受，至少可以为以后的发展奠定基础。

实际上排练并不顺利，布莱希特的自我和自信让很多人都接受不了，甚至有些演员因为忍受不了他的指导方式愤然离场，这样的结果让布莱希特也不得不辞去导演的工作。

虽然工作上有了转机，但是他们的日子并没有好过来，他们咒骂老天的不公，虽然布莱希特是自愿来到这个城市的，但是现实和他想象得相差太远，他甚至觉得自己和《加尔加》主人公的命运是一样的。

在大城市里生活，可是却被现实社会打击得狼狈不堪，甚至失去了最起码的人性。《加尔加》这部创作也许是布莱希特在青年时代最为清楚的一部剧本，这也可以称得上他为数不多的没有做过任何修改的作品。

就在《加尔加》问世之前，布莱希特开始怀疑自己曾走过的路是不是存在问题，和大城市嘈杂的生活相比，奥格斯堡的生活更像世外桃源般宁静，即使是当时较为先进和发达的国家，同样没有办法让人们认清现实。

布莱希特在完成这部剧本之后寄给了内尔，希望他可以提出宝贵的意见，同时积极吩咐父亲的管家找人打出手稿，并分派给权威人士，他似乎再一次看到了成功，但结果还是失败了。

这一结果让布莱希特备受打击，在沉寂了一段时间之后，他开始重新创作并决定修改旧作，就在他和布鲁诺恩穷困交迫的时候，他们决定联手创作一部新剧并参加了10万马克征求最佳剧本的活动，布莱希特选择回到奥格斯堡创作，经过一个月左右的努力，最后他们获得了第一名，但因为通货膨胀，那些钱根本解决不了基本问题。

布莱希特开始和布鲁诺恩通过书信来商谈合作事宜。没过多长时间，布鲁诺恩意外地被通知将获得克莱斯特奖，他本人也觉得有点不可思议，他积极地将布莱希特的两部作品推荐给赫尔伯特·伊尔林，并要求将奖金发给布莱希特。

在奥格斯堡的布莱希特听到这个消息之后，以为是要将奖金平分，于是写信给布鲁诺恩说，自己是绝对不会接受平分的事情发生，在他的心里自己只会拿到头等奖的。伊尔林看了他的作品之后很兴奋，最后布莱希特不仅拿了全额的克莱斯特奖，还拥有了伊尔林这样一个有力的支持者。

里昂·福伊希特万格对于布莱希特的回归非常高兴，对于布莱希特他有一种特殊的感情，认为他就是一个天才和冒险家，他也很乐意自己的家变成支持者的聚点，甚至他的朋友们只有在这里才能见到布莱希特。

《弑父》要在慕尼黑上演的时候，布鲁诺恩通知布莱希特要去见他，本来布莱希特准备让他和自己住在一起，但因为玛丽安娜的强烈反对，才没有实现。后来布莱希特安排他住在了内尔家里，虽然他知道内尔对布鲁诺恩也并不友善。

2. 成就证明实力

因为《弑父》的好评，也给曾导演过这部戏的布莱希特找到了工作，尤其是在获知《加尔加》可以上演时，他开始变得忙碌，给每个演员讲解人物关系，并带他们去参加各种聚会，尤其是一些漂亮的女演员，只是布鲁诺恩和玛丽安娜都不喜欢他的交际方式，但布莱希特显然是善于此道。

布鲁诺恩自己回了柏林，但是布莱希特答应等他的《夜半鼓声》一上映，他也会回去，只是没过几天他就将内尔派到了柏林，并要求布鲁诺恩好好照顾内尔，如果他们不和的话，可以打架，但是这样的话他们的关系也就到此结束了。

《夜半鼓声》上演后，得到了众多权威人士的追捧，虽然排练的过程并不容易，但是他的成就是不容小视的。就在首演结束后的第二天，布莱希特特意为瓦伦丁设计了一个小型的舞台剧，以表示他对瓦伦丁的敬意。

两部剧本的成功上演让布莱希特再次受到了重视，柏林的各大出版商和演出团体相继邀请布莱希特合作，但是布莱希特除了要求高额的报酬外，还希望可以自己亲自导演，只是后者被拒绝了，因为导演《弑父》的不愉快经验，剧场负责人不想再发生类似的事情，最后决定由奥托·法尔肯贝格来导演。

格拉贝尔需要布莱希特可以创作新的剧本，因为之前有历史问题而被要求修改的《汉尼贝尔》，经过布莱希特的改编而成了新的内容，更富有时代感，无论从构思上还是语言上，大家都认为这部新剧可以称得上是布莱希特众多剧本中最好的剧本之一。

就在布莱希特因为通货膨胀而考虑是不是要长期定居在柏林的时候，玛丽安娜又怀孕了，在经过认真的考虑之后，两人偷偷地举行了婚礼。得知他们结婚的消息后的布鲁诺恩和内尔也决定搬到一起住。

回到柏林的布莱希特希望可以将《夜半鼓声》进行修改创新，但是遭到了导演的拒绝，最后并没有引起太大的反响，这成为布莱希特不想留在柏林的借口，最让他头疼的是竟然有人因此讽刺和嘲笑他。

布莱希特回到慕尼黑开始专心排练《加尔加》，并经过慎重的研究决定改名为《在城市的丛林中》，因为有设计到人物造型方面的技术问题，布莱希特邀请内尔回来帮忙，在布鲁诺恩的帮助下，内尔才消气回来帮忙，但是布鲁诺恩一个人留在了柏林，布莱希特很有诚意地邀请他一起过来帮忙。

《叛变》是布鲁诺恩的新作品，他邀请了布莱希特做导演。当他来到慕尼黑时，布莱希特和玛丽安娜的婚姻似乎走到了尽头，他们常常因为琐事争吵，让留住在他家的客人感到惭愧。

1923年法西斯大范围爆发动乱，在遭到重重的威胁和恐吓之后，布莱希特终于知道法西斯的手段是什么样的，但是他还是被一大堆的空话给诱惑，他看不到外界的一些反常行为。

布莱希特因为版权问题放弃了《戈斯达·贝尔林》之后，开始想要将汉斯·亨尼·雅恩的一个叫作《奔放》的剧本改编，布鲁诺恩得知这个消息后，希望布莱希特能够选择一部关于战争和饥饿的剧本，可他却一意孤行，在原作者惊叹被改得面目全非的剧目上演后，并没有得到任何注意，却让布鲁诺恩和布莱希特最终决定不再合作。

布莱希特对于布鲁诺恩选择和自己相反的道路很生气，但却因此认识了海伦娜·魏格尔，之后布莱希特开始奔波于慕尼黑和柏林之间，他要防止自己的新情人有新欢。

布莱希特想拥有自己的剧院，并且雇佣两个小丑和观众们根据剧情发展，对结局进行打赌，他认为看戏和冒险应该是一样刺激的，但是他的想法一次也没有实现过，之前和布鲁诺恩的两次合作都不太好。

直到布莱希特在慕尼黑的小剧场找到了工作，才可以随心所欲地安排自己想要的剧本，他和福伊希特万格一起修改《爱德华二世》，并延伸出很多新的东西，福伊希特万格主抓文本翻译和诗歌方面，而布莱希特就是简化原内容和增加新剧情。

布莱希特将这个历史事件赋予了新的生命，并且加入了新的元素，在《在城市的丛林中》出现过的场面也一并融入其中，他改变了主人公的命运，用极为夸张的手法讽刺了当代权力的象征。

经过几个月的修改和再创作，《在城市的丛林中》才正式开始排练，布莱希特起用了很多新人，但对于他们的表演给予了很多肯定意见，他认为动作加上精练的语言才能突出一个人的性格和情绪，在舞台和人物的变换上，他也一直要求精益求精。

在排练的过程中，布莱希特一直想要配合演员来演出，为了达到逼真的效果，冥思苦想之后竟然创造出属于他自己的一种表演风格——叙事式。当日首演非常成功，观众见证了这个天才的导演才能，但因为演出并不是很完善，同样遭到了几位戏剧评论家的嘲讽。

法西斯叛乱之后，下达命令要驱赶艺术家，布莱希特所欣赏的前辈都相继离开之后，柏林那边有了好的工作机会可以提供，最后布莱希特也决定搬往柏林。

布莱希特总是喜欢用约定来束缚双方的感情，他之所以会答应和玛丽安娜结婚，也是因为她答应给他绝对的自由，布莱希特对于交新女友乐此不疲，但玛丽安娜却为此很恼火，只是因为婚前的约定，所以才不得不放弃制约的权利。

在《爱德华二世》上演后不久，布莱希特夫妇去了意大利旅行。但布莱希特对意大利并没有什么特殊的感情，只是因为有内尔的陪伴，他才觉得没有那么无聊。

在前往柏林之前，布莱希特想写一部新剧《加尔盖》，剧中的人物和之前的主人公有异曲同工之妙，都是突出人身上的动物性，布莱希特也因此开始走上了对社会变化和规律感兴趣的道路。

3. 《巴尔》的延续

1926年，布莱希特意识到守旧的创作方法已经满足不了自己的需求，于是开始尝试创作有关城市题材的剧本，当时已经有了初步的设想，准备创作一个在资本控制的社会里人类生存的故事，地点选在了芝加哥。

"这次怎么想到要用芝加哥作为发生地？"他的好朋友内尔一听说他要开始创作新的剧本，就忍不住想要先睹为快。

"你不觉得芝加哥不仅充满了神奇的色彩，而且还透露出浪漫的气息吗？"每次当布莱希特信心十足的时候，两只眼睛就会光彩熠熠。

"这个，老实说我还真没有发现过！"内尔有点不好意思地搔了下头。

"哦，我的朋友，不要觉得不好意思，等我这部作品完成之后你就会发现它的魅力所在了。"布莱希特伸出手拍了拍内尔的肩，这是他们之间独特的交流方式。

"我很期待。"内尔点了点头。

之后布莱希特的几部类似作品的发生地也都选择了芝加哥，用布莱希特的话说，芝加哥是一个双重身份的地方，可以给他更多的灵感。

最为重要的是，如果是在柏林发生同样的事情，观众并不一定认为故事本身具有多少真实性，在布莱希特心中，他的作品不仅要让观众认可，还要让他们认定自己创作出来的剧本中的故事就真实地发生在身边，在每一天都呼吸的空气里。

《在城市的丛林中》是《巴尔》的一个延续，只不过《在城市的丛林中》更多的是挣扎在资本主义的现实生活中，布莱希特在1921年创作这部剧的时候，他还是一个对社会并没有太多认识的毛头小子。

布莱希特的这部剧或者可以说是为了要修正席勒的《强盗》，

他认为这部剧是一场并不公平但很有趣的斗争剧。布莱希特想要通过斗争的方法告诉大家，在理想主义社会里，只有通过自我价值的实现，才能在现实社会站稳脚跟，哪怕你使用的是野蛮的手段。

布莱希特创作《在城市的丛林中》是在耶森的《车轮》中得到了感悟。《车轮》主要表达的是强者和弱者之间的斗争，软弱的一方终究会被消灭。耶森在自己的小说里完美地阐述了达尔文的适者生存的进化论。

布莱希特在创作《在城市的丛林中》时，采用了虚夸和放大的手法，甚至在语言上选择了拼凑法，他觉得这样的手法表现出来的时间才能更为突出和强烈，并且他需要的是能够读懂剧本深层的一些内心化的观众。

布莱希特认为一部好的戏剧，就是要通过表现手段来突出唯心主义辩证法。虽然当时布莱希特并没有读过任何关于此类的书籍，但是却坚定地认为，人和人之间的了解如果能通过语言来达到，那就不会有斗争的存在，而人和人之所以没办法确定关系，是因为生活在资本主义的社会里。

《在城市的丛林中》一剧因为结构问题一直在修改，随着修改的次数和时间越来越长，人物的改动也越来越大。在最后一次修改中，布莱希特删掉了很多自传性的内容，从而让这个剧本变得更商业化。

布莱希特在剧本中暗示过自己是受什么书的影响，而故事也是根据主人公对于各类书籍的认知而展开，故事展现了人性的软弱和贪婪。布莱希特通过资本主义社会自然秩序的反常现象突出了加尔加悲惨不幸的遭遇。

剧中的加尔加不惜通过牺牲家庭和自我来报复、打击希林克，让人们再一次看到了可悲的人性，在资本主义社会的扶植下，一个原本拥有人性的人被现实和利益所蒙蔽失去了自我，这也恰好反映出了作品提到的孤独的人是永远无法进入一场具有非凡意义的斗争中去的。

希林克虽然在最初选用了和加尔加同样卑劣的行径，想要达到自己的目的，但是他却可以为了加尔加，宁愿代替他坐牢，甚至在临死之前将自己的财产送给了加尔加，这不是希林克的弱点，而是他最真实的本质。

和《贝尔干认输了》的情节相似，希林克把自己的灵魂和财产交给了自己所爱的人，但他爱的人并不是一个好人，而这个人将自己送进了坟墓，这一切都是希林克亲手造成的。

第四章　谁与争锋

1. 风格作家

　　柏林是德国的首都，它对于新事物的植入更加敏感和多元化，在这里可以嗅到现代社会进步的气息。但战争爆发后，再走进柏林似乎就像走进了尸横遍野却永远不缺战士的战场。布莱希特从来没有觉得自己成了柏林人，但却觉得自己是真正的城市人了。

　　布莱希特不喜欢拥有现代气息的柏林，他更喜欢有乡土气息的地方。在柏林，布莱希特努力让自己融入环境中去，他从来不会放过任何一个可以表现自己的机会，无论是对创作还是对新结识的朋友，他都会异常兴奋。

　　虽然已经在柏林生活了一段时间，但是布莱希特还一直保留着在奥格斯堡的生活习惯，只要和他有关的一切，他都希望能够尽善尽美地搬到柏林来，即使他从来没有用文字的方式表达过对那片土地的任何感情。

　　布莱希特再次来到柏林之后，一切行为都受到了追捧，只要和他脾气相投的人都能成为他最好的合作伙伴。因为这些人可以通过自身的优势来为布莱希特提供最真实并且给他想要的资料。后来布莱希特在采访中提到，伊丽莎白·霍普特曼能够成为他的私人秘书，让他很高兴，她不仅负责一切和出版有关的事物，帮他解决掉了一大部分麻烦，而且通过她精通英语的优势，在创作上也帮了他很大的忙。

布莱希特很欣赏有自己风格的作家，他希望记录他们在生活中的亮点为自己以后的创作增加素材。1926年，布莱希特开始在自己的文章里大力提倡体育活动，但他并不认为运动可以强壮体魄，而是只想借助体育精神来吸引更多领域的观众。

可以吸引布莱希特眼光的体育项目并不多，但拳击却是他一直都比较欣赏的运动，他喜欢冒险和刺激，而这个项目恰恰适合他的口味，在之后的众多作品中，布莱希特也曾把拳击和拳击手当作重点来进行创作，而且取得了很不错的成绩。不过布莱希特始终把运动当作是一种文字上的表现形式，并没有真正领略到它的精神。

布莱希特唯一喜欢的运动大概只有开汽车了，在他考取驾照之后，米勒艾塞为他弄了一辆很古老的车，最后因为常常出毛病而不得不更换时，他的秘书又用一条广告诗为他换来一辆崭新的斯特尔汽车，只是没过多久又因为车祸坏掉了，不过值得庆幸的是，车祸发生时，因为他的冷静驾驶使汽车的性价比得到了充分的体现，因此斯特尔公司又奖励了一辆新车给他。

布莱希特很鄙视那些把运动当作是健身的人，他认为体育只是在文学上才能体现它的价值。1927年，布莱希特为《世界文学》担当评委，他在四百多份作品里最后选择了一篇关于运动的诗歌，而他的这一决定遭到了当时很喜爱里尔克、格奥尔格和韦弗尔这三位诗人的参赛者的批判，可在布莱希特眼里，这三个人根本不值一提。

里尔克、格奥尔格和韦弗尔的作品各有缺点，都是布莱希特相不中的，他们的作品在狂傲的诗人眼里太过保守、陈旧而又敏感，在一次意外的首演中，因为韦弗尔怠慢了布莱希特，让他心里很不爽，在之后的朗诵会上布莱希特大大地奚落了他一番才作罢。

布莱希特和他的追随者从来不会错过一次在媒体亮相的机会，他一直坚持自己的观点，认为只有创新和形成一种属于自己的创作模式才能更吸引观众，但前提是你要很认真地研究哪种模式是观众最喜欢的。布莱希特一直很想让自己的"叙事式"能够独树一帜，不需要别出心裁，只要能够体现自我价值就足够了。

2．现实的灵感

在当代，能够让布莱希特称得上是"青年艺术家"的人不多，在他眼里年龄和艺术是不画等号的，在于它创造出的价值。就在布莱希特研究马克思主义的那段时间里，他在德布林的小说里找到了自己的答案。

布莱希特对于"年老的艺术家"永远都是一副嘲笑的样子，认为他们太过守旧的思想也恰恰证明了他们的无能。而当时托马斯·曼的《魔山》就成了他的重点抨击对象，他无法想象就托马斯·曼这种早已经脱离现实的手法怎么能拥有那么一大批读者。

不能否认的是，在布莱希特眼中，托马斯是一个杰出的小说家，他善于巧妙地将组织形式和实用性运用到小说当中去，但是他先入为主的概念却让布莱希特无法认同，甚至认为这种太过于形式化的表现手法失去了写作的意义。

不过最让布莱希特无法接受的还是托马斯曾经在自己的《一个

不问政治的人的观感》中阐述了脱离现实才能发现新世界的思想，资产阶级理想和资本主义现实充斥着矛盾，但布莱希特却崇尚美国道德，托马斯后来也倾向于美国文化，布莱希特开始脱离美国对自己的影响，这也恰恰证明了托马斯是个只会迎合观众的小说家。

而在托马斯眼里，布莱希特虽然拥有自己的创作特点，但是太过狂妄和自我，尤其是在文学作品中表达对资本主义格格不入的思想非常反感。在一次访问中，托马斯表示，当代的年轻人越来越没有老一辈人的拼搏精神，一直都还是个不成熟的孩子，没有任何可取之处。而托马斯的儿子在父亲之后也发表了相同的言论。

把这一切看在眼里的布莱希特非常恼火，虽然他可以平静地接受托马斯不理解自己的作品，甚至给出的恶评，可这次托马斯发表的言论真的是激怒了这个年轻的诗人。布莱希特立刻做出了反击，向那些崇尚六七十岁人的年轻人宣战，认为"残杀"父辈的刽子手就是像托马斯这样的人，只是他不自知。

托马斯在看到布莱希特的反击后，认为自己受到了侮辱，但他的修养制约了他的情绪，他一再表示布莱希特的作品在老一辈人眼里是"枉费心机"，是无法改变他们所坚持的理想主义，而布莱希特对于他的看法嗤之以鼻。

布莱希特无法忍受托马斯这种老旧的思想，他公开表示自己会出钱阻止一切有关托马斯作品的出版，但是他知道这场战争一个人是无法完成的，对于托马斯称自己和这一代人的代沟并不大时，布莱希特再次对他表示嘲笑。

布莱希特和托马斯之间的恩怨从来没有消除过，甚至布莱希特还曾经特意写了两首署名托马斯的色情类十四行诗，他从来都没有因为托马斯的个人成就而降低过对他的敌意。

布莱希特在采访中提到，他的诗歌从来不带有自己的主观想法，虽然有时候带有感情色彩的诗歌太过浓烈，并且暴露了自己的缺点，但他始终以为自己的诗歌完全属于私人性质。

布莱希特后来能够走上共产主义道路，也并不是因为想要找到一个大的世界趋势做支点，只是肆意的写作带给了他太多的局限性，他需要接受新的事物和工作方式。

1922年开始，布莱希特就开始收到出版社给的稿费，但是计划《家用祈祷书》的出版却一直推迟，经过了漫长的等待之后，在《家用祈祷书》原作者同意的情况下，除了对一些敏感的地方做了修改之外，其他都原封不动地进行了出版，而且出版商很用心地制作出了一套仅供作者使用的袖珍版，送给了布莱希特做礼物，这一举动让他觉得自己得到了足够的重视。

布莱希特策划将这本书更为实用化，并且纳入了教科书的行列，只是依旧采用了讽刺的手法，这个年轻的诗人对于社会走向提出的个人意见和看法，较为深刻地揭露了社会的丑恶。

3. 新动力

1924年，布莱希特的两部戏剧作品上演，虽然受到了好评，但在布莱希特看来却并不那么完美。布莱希特注意到现在的观众已经不再喜欢去剧院看戏，他必须要适当地转型写出新的能够符合观众口味的作品才行，但是为了生计，他并没有辞去小剧院顾问的职务，只是一年之后他并没有签订新的合同。

1925年，一直在改编《汉尼贝尔》的布莱希特希望通过《科里奥兰纳斯》中的发现能够博得精彩，但剧院却一再拒绝布莱希特的请求，坚决不上演《汉尼贝尔》，将改编《茶花女》的任务交给了他。

布莱希特提出要高额的修改费，在他修改完整部剧之后，因为他的着重点和原作者要表现的事件冲突太大，遭到了剧团参与者的强烈反对，甚至因此连最初的翻译者都状告剧团没有履行合约上演自己的剧目，突然之间布莱希特再次站在了风口浪尖。

谁也不知道布莱希特之所以接下这个任务，只是因为他太需要这笔费用了，他要养活一家大小，尤其是三个还没成年的子女，尽管对他们并没有太深的感情。一直到和基彭霍伊尔签订了合约之后，布莱希特的生活才逐渐宽裕起来。

布莱希特一直都很希望自己导演的《巴尔》能够在德意志剧院上演，他要用一种新的表现手段来呈现给观众不一样的巴尔，但是他拒绝参与青年剧团导演的邀请，虽然这个剧团可以上演标新立异的剧目，但是却很传统，无法让布莱希特满意，不断的争吵让布莱希特感到头疼。

虽然后来在布莱希特指导下上演的《洗脚》得到了好评，也得到了原作者的信赖，但是布莱希特对这个小剧团完全失去了兴趣，他认为在这里自己的才华会被完全埋没，尽管团长是个很有野心的人，他提倡的文学理念却是和自己背道而驰的。

经过了众多的失败教训，布莱希特开始意识到充斥着旧思想的剧院无法迎合自己的思想，他不会因此而停止自己想要创新，想要自己导演剧目的决心，只是当他发现叙事的表现手法已经无法满足自己的创作要求时，他才开始准备寻找新的出口。

为了能够完美地创作出《乔伊·弗莱哈克》，布莱希特对芝加哥交易所的活动下了一番功夫，但是没有一个人可以给出他想要的答案，除了一部分的投机商，每个人都有自己不同的立场。

在《人是人》上演之后，布莱希特开始有意识地收集马克思主义的书籍，他似乎在《资本论》里找到了自己的答案，甚至承认自己曾经错过了很多值得学习的地方，而且从书中他也借鉴到了很多可以施展到舞台上的理论，得出了一套新的创作理论。

1927年，布莱希特在一次偶然的情况下认识了弗里茨·斯特恩贝格，也从他那里得到了更多对于马克思主义的直观理解和认识，斯特恩贝格认为资本主义时代已经走到了尽头，必然要有新的事物替代旧事物，而莎士比亚作品的出现恰恰将马克思主义完美地阐释出来。

布莱希特很认同斯特恩贝格的看法，他认为叙事式戏剧的出现要强过对当代戏剧的修补，这一表现手法更能代表一个时代的进步，是戏剧跨入科学高度的标志。斯特恩贝格从最开始的担心到之后的欣赏，也完全体现了对布莱希特思想的一种认同，他看到了这个年轻人身上的狂野和坚持。

之后的很多年，布莱希特开始在自己的作品里融入了更多历史和现代元素，他不再一味地崇尚美国主义，虽然他不得不承认美国的先进和开放，但是他在自己的戏剧道路上从来都是坚持自己的想法，尤其在他认识到马克思主义对于戏剧改革的重要性之后，就再也无法抽身而出。

布莱希特后来认识了埃尔温·皮斯卡托，并在之后加入了他的剧院，虽然他很欣赏皮斯卡托的作风，但是在对剧目的修改上，他们一直存在很大的分歧，布莱希特无法接受皮斯卡托对于将戏剧改变成思想教育场所的做法，戏剧需要的是创新而不是一味地使用一种形式。

之后的合作中，布莱希特并没有取得什么太大的成功，虽然皮斯卡托一直都想要上演布莱希特的剧目，但是总是会有各种因素制约着计划，在布莱希特眼中，自己的戏剧作品虽然和当代的戏剧还有冲突，但是他的叙事剧却蓄势待发。

4. "人性"的变化和发展

《人就是人》是一部新剧，是20世纪中期布莱希特作品的一个总结。《在城市的丛林中》剧本中人性的表达并不完美，但布莱希特认为这是一个还不错的经历，他想要在这部剧里表现的是每个人的角色都是可以互换的。

在创作这部剧的最初，布莱希特把人和这个时代都做出了相应的划分，更多的是在前言中表达了马克思主义对新人会创造出更多的财富和发展趋势的思想。

布莱希特这次所要表达的重点在于失掉了个性之后才能蜕变为有人性的人，而且这些新人都藏匿在劳动人民当中，虽然机器时代并没有把他们真正地解放出来，但是无论怎么改变都还是一个人，只有不断激发他们身上的潜能，每个个体才能得到更好的发展。

这次布莱希特在《人就是人》中没有把主人公塑造成一个英雄，而是一个很普通的搬运工在经历了欺骗思想改造之后，完全转变为人的一个过程，虽然剧中不乏迷惑不解之处，但却充分展现出了布莱希特想要表达的内容。

布莱希特曾经说过自己认为这本剧非常有意思，他也能够接受来自不同方面的质疑的声音，剧本所要呈现出来的意义却无法接受另一种对人性的解释。

在演出的整个策划上，布莱希特也别出心裁地运用了声效和舞台变化来表现事件的发展过程，在演员的表演上，布莱希特也运用了印度和中国较为夸张的表现手法，这些改变也源于他在几本书中得到的启发。

布莱希特对于《人就是人》中主人公的评价一直都是积极的，即使后来他不得不因为现实修改自己的意愿，但是他依然提议个人只有在加入集体中才能够施展自己的才华，但不能是任由别人摆布，只有马克思主义者才能让个人得以施展，集体的力量是无法忽视的。

1931年之后，布莱希特积极筹划了《人就是人》的第二次演出，这次由他亲自导演，他希望可以再次修改这部剧，主人公不再是一个积极的角色，他开始变得麻木无情，他改变了一切原本浪漫出色的部分，他对于自己之前要表达的乐观主义采用了避重就轻的态度，这次的剧目整体上都比较令人不可思议。

到了二战结束之后，布莱希特意识到自己的剧本出现了问题，他开始将主人公彻底改变为反面人物，因为他注意到集体也是有好坏之分的，而希特勒就是利用工人们对于集体不明确的心态组织了坏集体。

可惜布莱希特已经没有时间和精力去重新修改这部剧，只是他将1926年版本中的内容做了相应的修改，在歌曲部分也由诗歌代替了。

作者的原意是想用诗歌的方式来表达积极的意义，但是布莱希特选用的《事物流动之歌》更像他早年的资本主义思想，并没有太多的辩证理论，只是突出表现了人和事物都是相对的，不可能一成不变。

5．改变才能有出路

在理解了马克思主义之后，布莱希特再也无法同时完成几部作品，因为现在他不仅要兼顾作品所表达的主题，还要一如既往地塑造典型人物。在他看来，只有这两者完美地结合才能有最好的作品。

音乐在剧目中起着至关重要的作用，甚至很多教育剧的效果都是由此来烘托，但是旧的音乐已经无法满足他的创作需求，他需要一种可以体现自我评价和价值的音乐。

1927年，布莱希特和库尔特·魏尔在一次契机下创作出了运动音乐，取得了不错的效果，也由此拉开了两人长期合作的序幕。两人相约一起创作一部歌剧，但因为原创音乐无法满足他们的需求，所以布莱希特要求魏尔重新创作。

歌剧名称最后选定为《无赖》，这并不是布莱希特本人最喜欢的剧本，但是他认为自己有能力化腐朽为神奇，就当剧本进入后期制作，排练也逐渐展开之后，女主角却因私事宣布退出，这让布莱希特和策划人都有点措手不及。

这还不是最坏的消息，在排练之后糟糕的事情接踵而来，让布莱希特感到了困难，外界人士也并不看好这部歌剧，甚至连剧中的主要演员也觉得这部剧根本不会引起观众的兴趣，可即使困难重重，布莱希特依旧坚持将舞台设计和剧情完美结合。

最后这部歌剧在上演前被福伊希特万格提议改名为《三角钱歌剧》，在突破了演员的刁难和舞台的局限之后，这部歌剧成功上演并被载入了史册。

在首演获得成功之后，之前因为私事辞演的女主角第一时间找到了布莱希特，她希望自己可以继续出演女主角，布莱希特欣然答应，并且之后还为她创作了新的歌剧和诗歌。

1929年4月的一天，布莱希特将自己结婚的消息告诉了刚刚成为他新情人的卡罗拉·纳埃尔，他表示婚姻并不能代表任何问题，可是他的私人秘书伊丽莎白·霍普特曼却不这么想，为此还选择了自杀，幸好抢救得及时，最后她还是放弃了吵闹，选择了向布莱希特妥协。

而女作家玛丽路易斯·弗拉萨尔却并没有被爱情冲昏了头脑，即使在之后的几十年里生活坎坷，但对于当时她选择离开的决定，却从来没有表示过后悔，虽然她从来没有把布莱希特从心里挪走过，但她认为这一切的苦难都是自找的。

在《三角钱歌剧》成功上演之后，奥夫勒希特的剧院在布莱希特眼里成了自己的，那里有他想要的演员阵容，而且他有足够的权力去选择排练剧目，他认为自己拥有的是高素质的演员，而且他选择的剧本都是有代表性的。

当时社会评论家对布莱希特的《三角钱歌剧》褒贬不一，对于抨击这部歌剧的人，布莱希特只能认为他不够客观，虽然这场争辩并没有什么实际上的意义，但却让各界人士津津乐道，在布莱希特看来，自己的作品从来都不是为了迎合观众甚至是社会现状才创作的。虽然各种批评声音不断，但是却没有阻碍《三角钱歌剧》，甚至是和它相关的诗集大火。

奥夫勒希特并不满足于《三角钱歌剧》的成功，他开始策划新的剧目《柏林上空的毒气》，可因为这部剧涉及的话题过于敏感，政府根本无法批准通过，排练之后也只是在政府内部上演过一次就被通知不得在剧院上演。

与此同时，布莱希特着手排练爱情剧《英果尔城的士兵》，这部剧被布莱希特根据自己的意图做出了更改，却没想到不仅引出了一场丑闻，也掀起了轩然大波，使得这部戏剧的女作家不得不躲藏起来，但是一向尖酸刻薄的评论家对这部戏却给出了相当高的评价。

布莱希特之后创作出了《皆大欢喜》，但是在创作初期作者就对这次创作失去了兴趣，故事很简单，但是和布莱希特想要表达的政治观点相差太远。虽然这部剧得到了大多数人的支持，但是上演后的效果和布莱希特预想的一样，即使是新排练的《三角钱歌剧》

也没有再次引起共鸣。

《皆大欢喜》上演之后，布莱希特他们又开始排练他的新剧《马哈哥尼城的兴衰》，布莱希特再次用一个小市民的角色来反映20世纪资本主义社会的一个缩影，让大家感到欣慰的是，这次这部歌剧带来了不错的影响。

在之后的创作中，布莱希特和他的团队希望可以增加教育意味，开始创造新的表现手法，无论是在音乐上还是在舞台效果上都有了进一步的提高，并且将剧目运用到了广播中去，这一举动再次得到了好评，教育剧开始转变为主流形式。

虽然布莱希特的想法大多比较前卫，但是仍不乏有很多的模仿者，可他们也只敢将形式运用到自己的作品中去，其他的还是他们始终不敢触碰的。在1930年的柏林音乐节上，布莱希特提出新音乐派应该做出自己的风格。

第五章　绝不退缩

1. 信仰

布莱希特认识马克思主义之后就一发不可收拾，不仅参加学习班，而且只要是有关马克思主义理论方面的书，他一定都会购买，并且来他住所参观的人都会被推荐去阅读，即使运用马克思主义到作品中去，并不会给他带来任何的收益，布莱希特认为马克思主义不仅是对新社会的一种态度，也是摆正道德观的最佳途径。

1930年，布莱希特的《赞同者》在教育部上演，原本他把这部作品的风格强扭为说教，谁都没有想到这部剧可以如此成功，不过布莱希特也肯定自己对马克思主义的执着是一定会有收获的，对此他信心百倍。

之后布莱希特再次修改了这部剧，修正了其要表达的意图，而且为了他还配合剧情创作了《抗拒者》，他认为只有这两本剧结合在一起看，才会表现得更有教育意义。

后来《措施》问世，让《赞同者》要表达的问题更加突出，这部剧主要表达在中国的共产党为了要发展共产事业，宁愿牺牲自己的精神。

大多数人认为布莱希特创作的这部剧只是单纯地宣传了党的纪律，并没有真正地对马克思主义起到宣传的作用，而且故事的发展有些扭曲了事实的真相，这部剧并不能代表任何事件的解释。

听到了这些左派的批评，布莱希特决定把《措施》做出第二版的修改，将第一版中的事件更为详细化，然而第二版的自发性却远没有第一版深刻。虽然对于作品的评价，布莱希特一直保持着谦虚的态度，但他还是坚持着作品教育的实验性质。

虽然布莱希特对马克思主义一直都很崇尚，但他从来不迷信党，对于共产党的执政态度也比较中肯，他能够成为共产党员并不是因为曾经有过无政府主义色彩的历史，而是他发现马克思主义和列宁主义理论结合起来会给他一种新的写作高度，加入共产党可以加速提高社会主义的觉悟。

促成布莱希特成为共产党员还是因为一场血腥事件，警察局不允许工人在5月1日举行游行，并且发生了激烈的打斗，很多工人都倒在了血泊之中，这一场面深深地触动了布莱希特的神经，他越发觉得社会民主党要和纳粹联盟，可惜他的建议希特勒并没有同意，他认为德国自由根本不需要谁的允许。

民主党和共产党的不合作，加速了纳粹的胜利，也使一部分人投入了他们的怀抱，布莱希特对此一直保持着鄙视和愤怒的态度，更曾经用诗歌的方式讥讽了魏玛共和国的第一任总统。

只是布莱希特的诗歌涉及当时的政治要员，所以拖了好多年之后才得以出版。对布莱希特而言，社会民主党是无法为国家得到福利的，虽然面对反法西斯是应该要坚持统一战线，但是多年来对于两党之间的分歧都一直存在，甚至是在1933年之后的逃亡生活中都未曾改变过，他对于修正主义从来没有好感。

2. 新的尝试

剧院的教育剧是为了给未来国家的剧院准备的，观众不仅可以观看到精彩的剧目，而且还配合了教育意义的延续，而且演员在排练的过程中总能进行自我提高，但在当时的社会情况下并不能起到太大的作用。

布莱希特努力创作教育剧的同时也在一直实验新的形式，他希望通过此形式可以更直接地表现出能够影响时代的素材，只是想要实现这一愿望必须要找到真实的素材，而布莱希特一直创作的剧本就是为了想要寻找到资本主义的规律，就在他继续学习马克思主义期间，他在1929年因世界经济危机而创作出了《屠宰场的圣约翰娜》。

"布莱希特，我想知道你这部剧的大概内容是什么？"剧院的合作者对他的创作是否能够迎合当时的经济要求，还是有很多的疑问。

"先生，你放心，我创作出来的剧本绝对不会有问题的，它完全符合我的创作理念。"布莱希特从来不会怀疑自己的创作能力。

"我当然相信你的实力，不过你也要知道现在是非常时期，能不能反败为胜就要看这一次是否能够取得成功了"，布莱希特的古怪个性在圈子里是出了名的，如果不是为了维持剧院的正常运转，他也早就和合作者闹翻了。

布莱希特心里很清楚他是什么意思，但为了生计他不得不先忍气吞声，"这个剧本是根据辛克莱的《泥潭》为蓝本，曾经在美国引起居民对肉类的需求下降，是一部很反映现状的作品。"

"可是"，还没等合作者将话说完，布莱希特就又将话接了过去，"这部剧由三个部分组成，都同由一个矛盾点支配，我会用《资本论》里的经济运动规律来对故事展开描述。"

"好吧，希望你不要让所有人都感到失望"。

布莱希特后来根据谈话中提到的这个规律想要写三部不同故事情节但是结局相同的剧本，想要重点描述的是之前作品延续的思想。

虽然布莱希特知道观众感兴趣的并不是来自于资本社会的压榨，可他在《泥潭》里找到了故事的发展线索，没有真实的背景资料，而在马克思主义里却恰恰寻找到了突破点。

布莱希特想要写的第二部小说是和投资巨头有关，他根据当时美国著名人物的传记得到启示，想要写一部能够引起所有人重视的剧本，他希望可以由此来强调，假如有人能够改变历史进程，那么肯定是恰好这个人做了伟大的事。

不知道什么时候开始救世军大量地出现在创作剧本里，他们始终是用正义的一面出现，但是还是会让人觉得有什么见不得人的勾当在其中进行，为了能够在写作前搞清楚这个组织，布莱希特让他的秘书进行了深入的调查，而他本人开始进行第三个创作，但当他秘书的小说和流出的照片都和救世军有关时，不禁让人们对布莱希特有了更多的猜测。

直到救世军在1929年举行成立一百年活动时，他的秘书才弄清楚，这个组织名义上是为了救助穷苦人民，但实际上做的都是一些见不得光的买卖，没有一个强盗公司能和他们相提并论。

而布莱希特之前就用过戏谑的手段在自己的作品中调侃过所谓的救世军，1929年，布莱希特决定创作一部关于救世军面对失业现象时的作品，《面包店》就此诞生了，同时布莱希特还在写作其他两部剧本。

在《面包店》中，布莱希特用含蓄的手法表达了救世军和宗教之间的关系，而《皆大欢喜》成为这部小说的开场，《屠宰场的圣约翰娜》则是它的结局。布莱希特想要创造出各种不同的反面角色以达到丰富角色的效果。

《皆大欢喜》中的人物虽然有着传奇的经历，可却依然不是《屠宰场的圣约翰娜》里主人公的对手，女主人公不相信革命可以解救人类，在她的眼里，相信上帝才能够从困难中脱离出来。

这部小说讲述了约翰娜为了能够让穷苦的人们解脱而做出的种种"愚蠢"的行为，太过善良和愚昧的行为最终将自己送上了绝路，当她明白善心是无法和武力对抗的时候已经来不及了。

这部剧本由12场戏组成，然后又分成了5个小节，每一个小节都会由一封来信开始，这和主人公未能完成的任务做出了呼应。布莱希特运用制造讽刺性对比的手法，表现出了在无产阶段要实现自我价值就是要有成功的商业，布莱希特再一次用戏剧的方式证明了马克思主义的伟大。

1931年布莱希特完成这部小说之后，各大剧院都争先想要上演这部剧，但却都因自身原因没能成功，最后只能在广播里上演了一个小时的广播剧，到了1959年，布莱希特的这个小说才被搬上了舞台。

3. 我只是一个崇拜者

虽然布莱希特对马克思主义痴迷，但是他的主要事业还都停留在资产阶级中，在他看来，自己还是一个资产阶级的作家，但这并不影响他对共产主义的看好，只是他没有打算要将自己融入无产阶级中去。

布莱希特认为利用马克思主义提供的方法来创作是可以改变世界的，他在别人眼里是舞台上的列宁主义者，在布莱希特看来一切和共产主义无关的组织都是一种暂时的，以后需要替换的，他想要通过自己的方式告诉人们，他的创作并没有反对情感，只是他想要用一种新的创作形式来把情感当作抒发的对象。

想要更好地歌颂共产主义，就必须要有深刻的认识和接受新的理论知识，但布莱希特并不想把对革命题材的创作当作是自己必须完成的任务，而就在他对苏联开始感兴趣的时候，一批共产党员却因为苏联的表现而失望，可这并不影响布莱希特认识作家谢尔盖·特列基亚科夫。

1930年，柏林上演了《怒吼吧，中国》，让布莱希特和作者有了接触，虽然德国的很多评论家认为这个剧团的表演缺乏真实的东西，但是布莱希特却十分欣赏这个剧团勇于尝试的精神，这一次的相识让布莱希特和谢尔盖·特列基亚科夫在创作上有了共鸣。

　　第二年，谢尔盖·特列基亚科夫再次来到柏林，这一次他是为了和德国的戏剧家们讨论自己发明的一套新的创作理论，他的作品在其他人眼里看来是对真实素材的记录，不仅更真实地反映了现实，更进一步促使现实改变，更有人认为只有他这样的作家才有能力修正读者和作家之间的差别。

　　当然不是所有的作家都认同谢尔盖·特列基亚科夫的理论，卢卡契并不认为他的方法可以让艺术更加完善，而诗人戈特弗里德·贝恩更是反对他的看法，他认为传统的表现手法更为值得推崇。布莱希特始终站在谢尔盖·特列基亚科夫这边，行动艺术才能够让他达成自己的意愿，但是他并不喜欢为了原则性的问题进行争辩，对他而言没有任何意义。

　　就在布莱希特创作《措施》时，他却产生了要拍摄《库勒·汪贝》的想法，想通过影片的形式增进教育剧的意义，为了能够让电影顺利拍摄，布莱希特做了详细的计划和合作合同，他不想再看到《三角钱歌剧》时的事件发生。

　　《库勒·汪贝》拍摄了大概一年的时间，这对布莱希特意义非凡，这是唯一一部完全由他本人做主，也是唯一一部和共产主义有关的影片，只是很可惜因为当时的德国政权岌岌可危，影响到了各个方面，这部影片也遭到了禁播的威胁，幸好在公众和媒体都支持下才得以幸免。

　　共产党内部的评论家在观看了这部电影之后，给出的评价很低，依旧是认为作者并没有进行任何的革命实践，他所要表达的东西都还存在局限性，无法真正反映共产党的特征，这也成为这部电影的致命弱点。

4. 逃亡前夕

布莱希特总是有本事在同一时间里进行不同的事情，就在这部电影尚未完成时，他又开始了《母亲》的排练，想要通过别的表现方式解读觉悟和联合行动问题的想法，但并没有得到剧院的首肯，所以这部剧只能暂停下来。

之后布莱希特和路德维希·贝格尔开始联手改写《一报还一报》，布莱希特想要完全改变故事的发展，而能够接受这一想法和《母亲》的只有他并不看好的青年剧团，不过最终布莱希特还是同意和他们合作。

改写过的《母亲》少了政治部分，而保留布莱希特想要表达的家庭主题，他想通过这部家庭剧来让观众自己有一个政治态度，他还增加了故事发生的情景，想要通过革命的胜利再次区分民主党和共产党之间的区别，而且还将这位伟大的母亲刻画成是否参加革命的一个关键性人物，在他看来，这是一次关于母亲革命化问题的新实验。

《母亲》在1931年末上演，之后得到了共产党方面的批评，他们再一次认为布莱希特的教育剧太过抽象，而且布莱希特想要表达的教育性和原作者完全是两码事，在他们眼里，社会主义觉悟不是从内部产生的而是由外部带入的。

在列宁的感召下，布莱希特更加把马克思主义当作是自己创作的动力，当他意识到自己参加的培训班已经无法满足他对马克思主义的更深一步了解之后，他迫切希望能够成立一个辩证法协会，虽然有科尔施的帮助，但是由于他不信任无产阶级，让布莱希特还是烦恼不已。布莱希特和科尔施认为德国的共产党在莫斯科面前不仅失去了尊严还让革命受到了阻力，但并不影响他们相信共产党才能够真正地让他施展自己的才华。

布莱希特对老师有种特殊的感情，但是这个词并不是指学校里施人受教的老师，他也从来没有把自己欣赏的人当作老师，反而那些曾给过他在创作上的帮助，让他能够更好地了解马克思主义的人才是他眼中的老师。

布莱希特虽然并没有人党，但是在马克思主义的号召下，他把共产党的意见当作是自己前进的鼓励，即使共产党在他的作品中给出来批评，但是他总能很虚心地接受，他无法接受的是党内部评论家给出的指责，不过他还是根据他们的意见对《措施》做出了多次修改，在他看来和党员谈话讨论对自己的创作很有益。

布莱希特中年的作品理念是既能用作品教育人又可以在作品中学到新的知识，他认为只有在不断的修改中创作出来的作品才能成为好的作品，但是在纳粹执政之后，剧作家想要使教育剧更加完善的想法被中断，而政治意义的戏剧又重新登上舞台，布莱希特的美好愿望也再次遭到了扼杀。

法西斯主义让所有具有历史意义的剧目都中断了，甚至将一些有抱负的戏剧家进行了驱逐，他们禁止在剧院上演一切和政治无关又倾向性过强的戏剧，当坐在戏院里的警察越来越多时，人们意识到真正的战争即将开始。

布莱希特根据现实状况也猜测出自己因为对马克思主义的执着态度会遭到什么样的对待，但他并没有因此退缩，反而更加积极地宣传，在其他戏剧家看来，布莱希特的代价太大了，而且太过于极端化。

　　直到几年后，当他们看清魏玛共和国宣扬所谓的自由只是一个谎言时，一切都来不及了，为了能够继续生活下去，很多艺术家离开了柏林去了外地，还有干脆离开舞台投身电影发展，再或者直接就站到了纳粹的行列，而布莱希特也发现越来越多的人开始了妥协。

　　1932年末，柏林警察盯上了布莱希特，即使在他的档案里并没有找到任何不利的证据，但他们认定布莱希特是个共产党员作家。在希特勒当上总理之后，所有的剧作家都开始小心翼翼，而布莱希特因为动手术幸运地躲过了搜查。

　　1933年2月底，国会纵火案一出，布莱希特连家都没顾得上回，就带着海伦娜·魏格尔一起去了布拉格。

第六章　人生转折站

1．踏上逃亡路

布莱希特知道自己逃离德国意味着刚刚稳定下来的经济收入会被迫冻结，之后不仅要居无定所，就连他最爱的剧院都无法再进入，而这一切都源于他对纳粹的反对，其实他完全可以和那些软弱的艺术家一样，对新德国政权示好，可是布莱希特绝对不会允许自己做出这么丧失原则的事。虽然他被迫离开家，但是他始终相信会有回归的那一天。

布莱希特一家能够全身而退，全靠朋友的资助，虽然离开了德国，但并不擅长外语的他希望可以住在离德国比较近的国家，避免出现语言上的障碍，而符合这一条件的只有去布拉格，因为只有这里没有严格的出入境要求，而且这里因为政权还不稳固，是可以接纳避难者的到来，只是因为经济的不景气，所以想要在此居住的人们，是很少允许工作的，只有靠特殊团体或者朋友的资助才能生活下去。

曾经在柏林居住过几年的德语作家给逃亡到捷克斯洛伐克的布莱希特很大帮助，不仅介绍了很多当地的朋友，还允诺如果需要政府的帮助，他也会尽力帮忙。但是布莱希特到达之后的第一件事，就是去打听当地的剧院是不是可以上演他的剧本，可惜的是当地并没有几家剧院敢上演布莱希特的那些政治观点过强的剧本，布莱希特认为这里并不适合发展，毅然决然地离开去了维也纳。

到维也纳的亲戚家居住让布莱希特一家省了不少的费用，在那里，布莱希特遇到了同样来自德国的避难者和一些老朋友。布莱希特虽然得到了很多帮助，但是他还一心想要早些回到自己的国家去，只有那里的观众才能看得懂他的剧本。

　　当布莱希特遇到自己崇拜的作家卡尔·克劳斯时，希望他可以多在维也纳停留一段时间，但同样作为避难者的克劳斯，希望自己可以随时迁移。克劳斯曾经给布莱希特很大的帮助，也曾经拥有过一大批的追随者，但是因为他的政治观点和大多数人相悖，那些人对他开始失望。布莱希特并不属于卡尔·克劳斯的追随者，有时他的照本宣科让布莱希特这位德高望重的学者并不满意。

　　卡尔·克劳斯在纳粹执政时选择了沉默，让很多欣赏他的人都很失望，早已经完成的《第三个瓦普几司之夜》也迟迟不敢出版，直到1933年才在杂志社出版的十行诗中道出了他在政治上的无奈。

　　虽然在那些流亡者的眼里，这样的诗让他们看不起，可是布莱希特却能够理解他，并在1934年用自己的方式表达了对他的原谅，但不是所有人都能和布莱希特一样，他们对克劳斯和他的作品进行讥讽和嘲弄，让克劳斯不得不站出来对他们指出的错误进行深刻的更正。

　　其实从克劳斯自己的立场出发，他做的一切都没有错，在他心里认为纳粹能够胜利完全是因为社会民主党在政策上的错误造成的，而唯一能够对抗法西斯的人只有奥地利首相恩格尔贝特·多尔福斯。

　　很可惜的是，克劳斯能够有这样的结论并没有经过任何论证，只是一味地凭借多尔福斯反对法西斯的行为来判断的，而他希望多尔福斯能够将德国解放的愿望根本无法实现，他一点不清楚政治现状，虽然表面强硬的奥地利实际上已经开始向法西斯主义靠拢。

已经知道真相的克劳斯也并没有对多尔福斯进行过任何的嘲弄，他认为奥地利政权之所以会失败完全是因为有墨索里尼的干扰，他对于社会民主党带领工人们举行起义的事很恼火，他认为只有和政府站在一起和纳粹进行对战才是正确的。

虽然这样的说法太没根据，但是1934年在奥地利发生的2月事件的悲惨结局却是因为社会民主党的犹豫和软弱造成的。他们一直对是否举行武装起义犹豫不决，而且由于他们不满工人的态度致使起义最后失败。克劳斯这次不再沉默，由于他对纳粹的痛恨，他将反法西斯主义者看作是最小的危险并没有理会，但是没有多久他就完全清楚了自己的看法一直都是错的。

布莱希特看到克劳斯的所作所为后很痛心，他写了《善良的无知者迅速上当》的诗叫人送给了克劳斯，布莱希特痛斥克劳斯的无知，他没办法再像以前那样装作不知情，但是他并没有与克劳斯断交。

在对待左派对战克劳斯的问题上，布莱希特表现得很反感。1934年秋末，当时居住在伦敦的布莱希特对回维也纳的魏格尔交代，一定要好好款待克劳斯，并让她转告克劳斯，他现在所持的立场很危险。

2．流亡聚集地

　　当得知自己的老朋友很多都决定定居瑞士之后，布莱希特在1933年到达苏黎世，希望可以先了解一下当地的情况，没过多久魏格尔的老同学卡琳·米夏埃利斯就邀请他们一家去图勒居住，而且和她们要好的玛丽·拉扎尔也住在这附近。

　　布莱希特在到达苏黎世之后，遇到了第一个来自柏林的同乡，《三等车厢的旅客》的发表让他在美国一举成名，而他又是《左派曲线》的发行人库尔特·克伦贝尔，这个人为了革命的胜利奋斗了整整一生。虽然他们两个人从来也没有过任何工作上的合作，但在布莱希特眼里他们是最好的合作伙伴，他们是通过贝尔纳尔特·封·勃伦塔诺认识的，原本克伦贝尔是一名共产党员，但却因为发表了一篇极不符合共产党原则的文章，被开除了党籍。

　　布莱希特和克伦贝尔两个没有真正碰面的时候是住在同一家旅馆里，后来通过关系他们知道安娜·西格斯也到了这个地方。克伦贝尔提出让大家到提契诺的房子里去居住，但是布莱希特在走之前和福伊希特万格见了面，也从他那儿了解到了德国的现状，明白自己要做好长期流亡的准备。

　　布莱希特准备将自己在柏林住所的东西都运过来，因为他们已经没有能力再置办新的用品，而这一切只能交给魏格尔去办。为了能够节省费用，布莱希特学会了精打细算，虽然他很喜欢克伦贝尔

布
莱
希
特
传

065

的房子，但是他认为这里太过偏僻，想要来往于城中心，还需要有一辆汽车，相比之下，他还是希望可以生活在说德语的苏黎世，但是那里的生活费用太过于昂贵。

在克伦贝尔的极力邀请之下，布莱希特也提出了自己的要求，他认为要住在那个地方，必须有自己意气相投的朋友，而且还要有能够一起谈论敏感话题的人，因为在流亡期间，布莱希特很迫切地想要和共产党员交流解答他所有疑问。布莱希特夫妻在卡诺陪克伦贝尔夫妻住了几个星期，离开之后布莱希特还时常怀念在那里的日子。

没过多久，曾经要定居在瑞士的人们发现这里不是能够生存下去的地方，就在这个时候布莱希特接到了库尔特·魏尔的邀请，希望他可以为芭蕾剧院出一个很好的剧本，而要担任舞美的内尔也赶到了巴黎，没用几天时间他们就完成了《七重罪孽》的排练，并且在香榭丽舍剧院上演。这份工作除了给布莱希特带来了一定的收入外并没有引起他足够的兴趣。

这是部只有四个人演出的作品，这里用资本主义下的小资本者的悲惨命运，讲述了安娜为了实现给家里盖房的愿望，不得不进城做舞女的故事，值得庆幸的是安娜没有在七年的时间里出卖自己，随心所欲的生活让她终于实现了自己的愿望，但和她命运相似的女孩却没有那么幸运，不仅失去了自己还就此沉沦下去。

这部剧很有寓意，让观众可以通过这部剧认识到想要在这个剥削为主的社会生存下去，却又能毫发无损很困难，同时也揭示了想要不逾越道德就要过着非人生活的警示。而这部剧的女主人公和布莱希特后来创作的《四川好人》的主人公有异曲同工之妙。布莱希特想要表达的并不是什么所谓的好人，而是要揭露现实的本质。

布莱希特认为，好与坏的衡量标准并不在道德问题，而是要根据自己的行为产生的后果来判断，社会本身意义并不算大，然而优秀的道德品质也是应该受到鼓励的。一切罪孽都是具有唯物主义的价值，是实现人性的一种手段，但最可怕的就是统治者要将这作为一种宣传手段来荼毒小资产阶级。

《七重罪孽》说到底对于布莱希特来说只是一份工作而已，并没有让他收获什么，这部剧是他和魏尔共同创作的，在表达手法和内容上都没有显示出有新的创意，唯一让布莱希特还算满意的是，这部剧选用了和平常不同的音乐，达到了他想要的效果。魏尔也通过这部剧再次向讽刺剧目提出了挑战，只是这部剧并没有获得什么成功，让魏尔决定不再和布莱希特合作，他认为布莱希特已经开始进入全面反对音乐的阶段，而魏尔却在很久以后得到了布莱希特一直想要做成的事——在百老汇获得一席之位，但是魏尔曾为之骄傲的尖锐风格也彻底丧失。

虽然巴黎的生活现状让布莱希特很满意，但是因为要和奥夫勒希特合作上演《圆头和尖头》的计划失败，布莱希特决定带着魏格尔回到图勒，而在这个时候他们的女儿巴巴拉，因为由佣人带着到了图勒，在这里布莱希特又遇到了很多老朋友，只是汉斯·亨尼·雅恩却因为没有能和布莱希特做更深的交流而感到了遗憾。

3. 勇敢面对困境

布莱希特在《逃亡者对话》中表达了对丹麦人的好感，但是对于他们在政治上的表现又不甚满意，他们从来不相信法西斯主义能在丹麦实施，但是丹麦又不得不依靠和法西斯做生意来谋生。在丹麦，虽然逃亡者并没有受到不礼貌的对待，但是也表现出了不欢迎的态度。但对布莱希特而言，在他流亡的岁月里，丹麦的生活还是最为安逸。

经济危机同样波及了丹麦，大多数人都处在了失业的状态，但对于德国的政治局面他们都没有足够的重视，只是一门心思地对付本国的共产党，直到大量的德国逃亡者来到当地，才让他们意识到了事态的严重，虽然丹麦政府遭到了德国的威胁，但对于流亡者他们还是采取了保护政策，可是为了自保，丹麦还会将抓捕的共产党员送到德国。

图勒虽然临近德国，却是个很偏僻的地方，是一个很理想的避难场所。布莱希特在这里购买了一座小房子，而且布莱希特想要在此定居的可能性也很大，虽然布莱希特在丹麦的名声并不大，但是他的很多剧目都在这里上演过，而且在年底还会有他新的剧目上演。

丹麦的权威开始积极地通过各种方式将布莱希特介绍给大家，虽然并没有因此让布莱希特的名声更大，但是却给了他有利的生活条件。就在这个时候，很有名气的女演员露特·贝尔劳找到布莱希特，表示希望可以出演《母亲》的剧本，但是布莱希特却因为没有现成的剧本而让她有些失望，但这并不妨碍布莱希特对这个有夫之妇示爱的决心，而他们在之后的很多年都一直保持联系。

新购买的房子还没有收拾妥当，在德国的家当也没有运到，布莱希特决定去巴黎暂住一段时间，除了要处理那里的事物还有就是去会他的新情人玛加雷特·施特芬。她是一名共产党员，曾经在柏林和布莱希特一起排练《母亲》，和别的情人不一样的是，他们之间还有一种信赖的成分在里面，最开始他们并没有向任何人透露他们的关系，他们之间有一种别人并不容易察觉的默契。

布莱希特和施特芬在一起很愉快，但每次见面都是匆忙的，没用多久两个人就失去了信心，这也让布莱希特感到很遗憾，布莱希特不仅很爱她，而且把她当作自己保护的一部分，在布莱希特看来，他这个情人对自己的事业很有帮助，而她的勇敢和坚强也是布莱希特很敬佩的一方面。

布莱希特为施特芬创作了很多和革命相关的诗歌，当然也不乏情诗，而且在她因为身体情况要去疗养的时候，布莱希特还为她细心地准备了很多的衣物，他要她时刻记住自己的关怀，而他的衣物就像是一层厚厚的保护层，就如大象的外衣一样，而施特芬也很喜欢大象的配饰，觉得它们和自己很像。

1933年，布莱希特到了巴黎并没有如期见到自己的老朋友，之后他和施特芬一起去看望福伊希特万格，他是国际上知名的小说家，虽然在当地拥有自己的别墅但是他的收入却并不是最高的，在知名的小说家中，托马斯·曼奢华的生活遭到了鄙视，而他之所以讲究排场只是因为不想让人觉得他是在逃亡。

在福伊希特万格看来，拥有一套大房子、一个生活秘书和一辆汽车，是每一个作家必不可少的生活，这一点是无可厚非的，只是因为收入的不同，流亡的作家一直过着富有和贫穷两极分化的生活，而布莱希特却是属于身无分文的那一类。

虽然布莱希特有时候能够意外接到创作的工作，但却不是时常都会出现的，而他在斯文堡的那辆汽车也是预支《三角钱歌剧》的稿费，1936年因为参加一份电影脚本的征集竞赛获得了奖励，才又购置了一部印刷机。

4．我就是我

福伊希特万格之所以有钱是因为他的小说《奥本海姆一家》顺利出版，在他的鼓励下，布莱希特也想写一本小说，毕竟在流亡的过程中小说的传播速度要比戏剧快很多，虽然他一直想用马克思主义理论写一部《三角钱歌剧》但却失败了，之后他打算写一部有关侦探方面的《三角钱小说》，运用的还是讥讽的表现手法。

福伊希特万格的小说是在一家叫克威利多的德语出版社进行出版的，而这个出版商曾经和布莱希特合作过，在他们进行会谈之后，布莱希特决定将自己的小说在兰德奥的出版社进行出版，因为他给的稿费不仅很高而且给了很多优惠条件，但是出版商要求要得到一部分翻译本的版税。

可出版社的合伙人霍尔曼·凯斯顿对布莱希特一直都有很大的敌对意见，所以布莱希特一直都小心谨慎地防止将《三角钱小说》的稿件流入他手中，后来两个人在见面时达成口头协议要尊重对方的作品，但是凯斯顿对布莱希特还是存在很大的意见，在看过了他给自己的信件之后，布莱希特认为他们之间一定存在了什么误会，并希望他能将这封信收回。但是面对他的一再挑衅，布莱希特还是直言要通过自己的手段来应对。

布莱希特在发表自己小说的同时，还在计划着出一本诗歌合集，而名为《图依小说》的计划也一直在进行，布莱希特想要通过两家出版社的争夺来提高他的酬劳，虽然他还想要在电影界谋得一个地位，但是他很快意识到这根本行不通，很多在国际上知名的导演都无法在巴黎找到合适的工作。

1933年，巴黎给了那些流亡的艺术家、科学家和政治家们很好的修养机会，在这里他们可以大胆讨论自己的政治观点，指责希特勒的暴行，大家对于各自的流亡经历进行了可靠的分析，而在犹太人的问题上矛盾极其明显。

布莱希特即使在稍显狼狈的逃亡生活中也没有丢掉自己的本质，他希望可以建立真正的反法西斯联盟，他认为这样的组织对在政权上取得胜利是很重要的，他的努力得到了联盟秘书长贝歇尔的认可，贝歇尔在各国的流亡聚集地都设立了基地，他希望流亡在各地的人们都可以团结起来，为能够早日回国做出贡献。

在流亡过程中各派的对立并没有明显地减少，只要有一点风吹草动就会掀起轩然大波，甚至会因此吵得不可开交，虽然因为出版刊物的类别很杂，但是出于种种目的都是可以得到谅解，但是他们选择的都是一些比较保守的小报，宣传力度上根本就达不到要求。

也正是因为当前混乱的出版业，让很多骗子有了钻空子的机会，但值得庆幸的是不是每一个骗子都有好下场，不过在新出版社建立的同时，也有很多出版社因为在政治意见上无法做到统一而倒闭。

之所以会有这样的局面产生多半都是因为大家无法从统一的思想出发，而是分支出了很多派系。布莱希特虽然参加了很多重要的政治会议，但是他从来不属于任何派系，他讨厌知识分子的自以为是，他只是想用自己的力量为共产主义事业做一份贡献，而且也很少有人能够让他有兴趣。

布莱希特自己有一个很小的话题圈子，在这里他们可以畅所欲言不必有所顾忌。在他即将回到丹麦的时候，他希望这个话题圈子和他一起回去，可惜因为每个人都有自己的工作，所以没能成行，但是布莱希特却极力向他们推荐在丹麦的安逸生活，希望他们能够赶快过来和他会合。

5. 寻求新发展

布莱希特在丹麦居住了六年，但是他始终不愿意学习当地的语言，他认为学习这些会影响到他用德语写作，而他常常戴着一顶大帽子的怪异行为，也表现了他对现在这种安逸生活的不安，在布莱希特看来只有用自己的语言才能够让他时刻想着要回国。布莱希特相当固执，但是为了工作和孩子们的将来，他们必须要长期住在这里。

布莱希特在经过了四个多月的斗争之后决定继续他在文学上的创作，并且利用各种先决条件诱惑对他工作有帮助的人来丹麦，只是他并没有夸大其词，虽然他很希望科尔施能够过来，但是考虑到现状，觉得科尔施还是留在伦敦是最安全的。

直到1935年初，在布莱希特去过伦敦之后，科尔施才来到丹麦居住了一段时间，他这次来的目的就是为了能够减轻朋友叛国罪的罪刑，虽然这个朋友被法西斯抓捕，但是却使布莱希特更加坚定要将反法西斯斗争进行到底的决心。令人兴奋的是他们的朋友最后在众人的帮助下减轻了罪行，1939年在集中营逃走。

布莱希特和国内很多的地下工作者都有联系，有时也能拿到他们自己的出版物，和他们相比布莱希特并没有很多的机会出版自己的作品，但是他很欣赏他们为了共产主义做出的牺牲。布莱希特有时会劝说那些逃亡到丹麦找不到工作的共产党员进行地下工作，他认为这同样是一份很了不起的责任。

布莱希特对于演讲并没有什么天分，他讨厌那些只会说空话的举措。他觉得自己没办法和那些完全与德国中断联系的反法西斯主义者相比。如果因为自己的清白而逃亡并没有什么可以炫耀的，所以更欣赏他的一些朋友虽然思想"左倾"，却始终能够在德国工作。

1935年，科尔施被怀疑是希特勒的奸细而被迫离开英国，斯文堡成了他下一个流亡的目的地。在那里他完成了《马克思传》，在第二年他就携同自己的家人一起移居美国，没有人知道他什么时候会去什么地方，就连布莱希特也不知道。布莱希特很愿意和克劳斯谈论他的作品，克劳斯总能找出剧本里的不足，而且和他交谈让布莱希特建立了信心，虽然他很欣赏克劳斯对马克思主义的见解，但是同科尔施相比，他还是更相信后者。

布莱希特用了很长的时间才完成对《三角钱小说》的创作，在汉斯·艾斯勒到达斯文堡时，他们就开始准备修改《圆头和尖头》，而这部剧是根据莎士比亚的《一报还一报》改编而成的，布莱希特这次创作完全改变了原著的本意，更加突出对反法西斯主义的批判，但是艾斯勒还没来得及为这部剧创作音乐，就因为要参加共产党举办的合唱而离开了，这一举动让布莱希特觉得受到了冷落，他用了很长时间才将这段不愉快的经历忘掉。

施特芬在来到丹麦之后很快就学会了丹麦语和其他半岛的语言，而这个时候贝尔劳也成了他的情人，贝尔劳将布莱希特介绍给哥本哈根的戏剧权威，并在她和朋友的帮助下让他的作品和言论登上了众多报刊，但是这一举措并没有让布莱希特的重要作品成功上演，而是让他养成了把一件事分给几个人来做的策略。

布莱希特只喜欢能够在事业上帮助或者能教会他什么的人做朋友。弗赖德里克·马尔特纳尔是一个社会民主党，一直和布莱希特保持亲密的联系。他为了能让布莱希特在丹麦获得读者以外，同时能够消除丹麦政府对他的疑虑，详细地对他进行了访问，在访问中，布莱希特也坦言很喜欢这个地方，并称赞他们的政府很能够治理国家。

布莱希特很少去哥本哈根，每次和贝尔劳见面都是在她的一所房子里，布莱希特对自己居住的地方很满意，只是有时候当他感觉到自己脱离了生活时，他就会去各地和流亡者进行激烈的争吵和谈论，后来他还把这段时间的经历当作素材很好地讽刺了知识分子，而当他意识到很少有人对他的艺术观和政治观感兴趣时，他的巨大创造力被迫发挥到了极致。

1934年，夏天到来的时候也迎来了本亚明，布莱希特和他谈论关于《图依小说》的创作计划，布莱希特认为这部小说应该延续他的讽讽色调，但是他不认同自己的流亡生活给了他创作的条件，而他越来越偏爱于这种极端的表现手段，让本亚明觉得和他之前提到的艺术和理智应该有合法地方的理念是矛盾的，而对于布莱希特的《荷拉蒂人和库里阿蒂人》，本亚明认为这是迄今为止他最为完善的教育剧。

布莱希特认为曾经的经典都已经不适合当代的发展，除了一些固定模式的戏剧还能引起他的兴趣以外，他开始对中国和日本的艺术产生了浓厚的兴趣，他认为这两个国家的文学表达手法上有很多值得他借鉴的地方，他将喜剧融入到了自己的作品中去，而在音乐的选择上他更偏向唱出来。

布莱希特认为自己在戏剧方面是很严谨的，他不喜欢任何带有倾向性的艺术创作，他需要的是能够唤起人们思维的表达方式，他认为不知道为什么憎恨希特勒的原因在政治角度来看都没有什么实际意义。

布莱希特从来不认为自己的剧本是在教学，但是在丹麦，很多人都愿意叫他师傅，并把他的言行都记录下来，但有时候，当他发现自己的言行深刻影响了周围的人时，他会很严厉地指出自己不是教师。

第七章　最美的绽放

1. 莫斯科之行

1932年，布莱希特的莫斯科之行给了他深刻的印象，他没有像其他艺术家那样在最初给苏联很高的评价，因为之后发生的事让他失望至极。在布莱希特看来，苏联的生产理念还是值得学习的，但是当时的生活水平并没有大幅度的提高。苏联采取的一系列措施都符合一个社会主义国家的发展，但布莱希特从心里鄙视那些只会吹捧社会主义的人。

从某种意义上看，斯大林当时的策略是正确的，但是他对知识分子采取的措施也有失民意，布莱希特没有在德国获得自由，所以他很希望能够在苏联感受一下，但是他并没有对这个国家抱太大的希望，因为在他心里发起革命不是为了获得自由，而是通过创作能够自由发展生产。

在旁人眼里，布莱希特是一个共产党员，在逃亡的时候就应该去苏联，但是布莱希特并没有选择这里，除了他不想离德国太远，还有就是他不想去和自己文化相抵触的国家，他很清楚自己的作品在那里是不会受欢迎的。但是几年过去，纳粹政权依然存在时，每一个依靠马克思主义的艺术家都在考虑苏联是否更适合生活和工作。

1935年，布莱希特收到了由莫斯科发出的让他去参加专门为自己举办的晚会邀请，他欣然答应，不仅是因为这个晚会是由皮斯卡托在莫斯科国际工人俱乐部举行的，布莱希特还想去当地了解一下那里的生活和工作状况，最后再确定是否要留在苏联。

1931年初就开始在苏联工作的埃尔温·皮斯卡托，原本想要拍摄电影的计划一直被拖延，直到他在第二年当选为国际革命戏剧联盟主席后，才开始想要在苏联建立一个反法西斯文化中心，而布莱希特的态度关系到这件事是否能成功，所以他才想要举行这次晚会来拉拢布莱希特。

皮斯卡托还答应布莱希特，只要他愿意到苏联来定居，就可以拿到入境签证，而且还会如愿找到一份工作，因为莫斯科并不是像其他地方那样的流亡者聚集中心，想要居住在这个国家的流亡者大多会被拒绝，这对布莱希特来说也是一个千载难逢的机会。

1935年一直居住在莫斯科的德国艺术家，迫切希望可以组建一个说德语的剧团，然后去所有说德语的国家进行演出，伏尔加是最理想的演出地，要实现这一切就必须先要有一个立足点，但是布莱希特在和他们经过几次交谈之后，认为他们的想法能够实现的概率太小。

1935年的5月1日，一个具有宣传性质的德语流动服务剧团成立了，从一开始的戏剧实验到后来的古典剧目，没有用多久时间，皮斯卡托就失去了对这个剧团的控制，因为党的内部人接管了大部分的剧团。春天到来的时候，库尔特·特勒普特直接找到魏格尔，希望她可以参加这个剧团，而布莱希特却希望她只参加两个月的演出，只要方便他可以去各地看一下，因为他无法确定这个剧团是不是还有别的什么目的。

居住了一段时间的布莱希特可以肯定的是自己在莫斯科不会有什么发展，他的作品根本没办法在这里上演，而他也没有能力让魏格尔找到一个好一点的工作。他的作品大多是叙事式，并没有大肆宣传共产党的意图，而是称共产主义只是社会最基本的发展要求，而只有倾向性比较强的剧本才会在莫斯科受欢迎。

布莱希特知道在苏联很多表演艺术家都找不到合适的机会，而魏格尔能够成功的机会就更加渺小。在苏联布莱希特的朋友并不多，文学界的朋友个个都处在非常状态，而导演界的朋友在工作上也越来越难，只有皮斯卡托能够如愿以偿地给布莱希特想要的工作，但是他想要建立反法西斯文化中心的想法让他和加盟共和国的谈判进行了几个月之久。

1936年夏天，皮斯卡托终于捎来口信邀请布莱希特去莫斯科工作，这让刚从美国排练完剧目回到丹麦的布莱希特很兴奋，这样一来他们不仅终于有了可以合作的机会，而且他还要将自己的最新的理念带到工作中去。

非常不幸的是，一个多月之后皮斯卡托不仅被通知要解散国际革命戏剧联盟，就连他想要在恩格尔斯城建立剧院的提议也被驳回，甚至通知在巴黎逗留的他也不用再回苏联了。皮斯卡托当然知道这一切是因为什么，他开始筹备去西方国家，而在这以后的几个月时间里，在苏联的流亡者也都相继去了其他的国家。

2. 绝处难逢生

苏联对像布莱希特这样流亡在外的德国共产党员一直都存有怀

疑，虽然布莱希特从来都没有入党，但是在外界看来他一直都是在为党服务的党员。这一切主要还是源于苏联人民对于德国工人运动内幕并不知情，所以对于一些正直的艺术家反对法西斯的行为根本无法理解。

正因为如此才导致很多关于西方内部战争的作品在苏联被禁止上演，苏联政府一直对于名存实亡的德国抱有幻想，直到1937年苏联为了缓和与德国流亡的共产党员之间的关系，实施了一系列的措施，但布莱希特却认为这一切不过是一种战略手段而已。

只是这种友好关系并没有持续多久，在苏联大清洗期间，斯大林和希特勒签订了条约之后，德国共产党再也不相信苏联和德国之间的友谊，但苏联还是在两年里禁止了所有反法西斯言论，直到他们反目为仇。

那段时间里没有人敢直言斯大林做出的错误决定，也不是每个人都能像布莱希特一样通过马克思主义冷静思考。1935年，布莱希特到达莫斯科时，正好是苏联共产党对人民阵线宣传最为频繁的时候，原本布莱希特是要和朋友合伙出一本新的剧本，但是很快就被党内部叫停，即使是后来有人要筹款办一本代表流亡文学的杂志，也只能在政策允许的情况下才能出版。

国际共产主义将他们的代表派到了所有需要社会改革的国家，他们宣布要和社会民主党合作，希望借助他们的力量将反对左派的所有团体都清除，而人民阵线政策在文化上的举措就是将有成就的艺术家作为党的宣传工具去国外宣传，但可惜的是，短短的两年时间大部分有主见的艺术家都过世了。

1935年，布莱希特开始和苏联的党员做接触，但是他从来没想过能够见到斯大林，因为他目前的身份还不允许有这样的权力，但是让他感到在莫斯科并不是一无所获的只有两件事，一是观看了中国戏剧大师梅兰芳的表演，一个就是地下铁的通车，虽然这条通道很奢华，但因为有众多劳动者的努力才能够建成，所以他决定忽略那些细节问题，这是一项让所有劳动者感到荣耀的事，它不仅具有社会价值而且淡化了所有外界的异议。

苏联把从农业国变为工业国并能够繁荣发展变成了共产党唯一的使命和责任，同样布莱希特也常常会认为社会主义建设能够体现出人们对于社会主义的觉悟，可实际上这是一种错误的看法，虽然在不同程度上取得了成功，但是并没有让人在觉悟上有丝毫的改变，不过按照布莱希特的看法，这个只是很平常的事，还够不上伟大。

布莱希特在伦敦住了很长的一段时间，而科尔施选择了英国的首都定居，他认为只有在这里才能平静地不被外界打扰，在这里可以和来自世界各地的流亡者进行和平讨论，但事实上绝非如此，这也让布莱希特再次肯定他是一个理想主义者，而大多流亡到英国的人都可以在这里找到属于自己的工作，他们觉得英国是一个可以获得自由的聚集地。

英国的入境条件到了1938年还只是适用从德国流亡来的人，而想要在这里居住条件也非常苛刻，一般只有有钱人才能够获得批准，而这些人也能够很快地融入英国的生活节奏中去，尤其是有当地作家的帮助，可以让他们避免很多麻烦的困扰，更有甚者为了拿到结婚证而和当地的英国人结婚。很多流亡者都互相认识并给予帮助，但是他们都认为并没有必要专门为流亡者建立一个个组织。

很快布莱希特就发现自己想要找一份心仪的工作并不容易，这里的剧院对他的剧本根本不感兴趣，而他自己也看不上这些剧院的演出水平，他唯一还算成功的就是出版了《三角钱小说》的英文版。

布莱希特和一个出版商协商出版自己的全集，那位出版商为他找到了一个英国公司，然而这本全集只在1938年出版了头两卷，就赶上了纳粹统治的德国开始对捷克斯洛伐克进行掠夺。

后来布莱希特在英国曾经找到一个拍摄电影的机会，他和朋友想一起创作一部有关于战争中的医生的剧本，甚至还特意创作了两首新诗，后来布莱希特的合作者想要把这个剧本卖给当时很有名的导演和制片人亚历山大·柯尔达，不过看过剧本的柯尔达并不想拍这样的电影。

3. 再陷困境

菲尔特尔和布莱希特是偶然认识的，他很欣赏布莱希特的才华，却并不需要电影脚本，但想要在伦敦立足的布莱希特还是想要说服艾斯勒可以进行对电影的改革，希望可以成功地创作关于工人阶级的电影,而布莱希特通过在这里找工作的经历也发现了一个重要问题，因为自己的外语能力很差，所以根本不可能在电影界立足，在无计可施的时候，布莱希特会向曾经帮助他写译本的朋友求助，而对于他提出来的作品要求，他们总能很乐观地表示出对作品的欣赏。

逃亡时期的布莱希特是一个完全没有国籍的人，特殊的背景预示着他无法在任何一个地方安身，而他想通过早就奋斗成名的菲尔特尔的帮助，能够让自己在电影界可以找到一个不错的工作，只可惜菲尔特尔志不在电影，没有出路的布莱希特在1934年圣诞节之后又回到了斯文堡，他再一次体会到了找工作的艰辛，但他又对于新的工作充满了期待。

1936年刚刚开始，布莱希特终于说服了著名的导演和他一起创作电影剧本，而要和他们合作的公司对于布莱希特这样的人才求之若渴，不仅给出了他高昂的酬劳还希望他能够尽快进行创作，对于他们的要求布莱希特也求之不得，没过多久布莱希特来到了艾斯勒的住所。

艾斯勒在这部剧中承担了音乐的部分，但是他还有一部自己的交响乐要排练，总是来往于巴黎和伦敦两地，而一切的费用都是由公司承担的，但是布莱希特却表示要用心完成这次的创作，可是在创作过程中因为他提出的很多建议都遭到了制片方和原作者的质疑，所以进度一直都不是太快，但是布莱希特一直坚持自己的意见，在无法调节的情况下，布莱希特被解约了。

布莱希特虽然一毛钱都没有少拿，但是对于制片商不礼貌的行为还是非常气愤，他希望可以让同在这个小组里的两位朋友一起离开的，但是他们却不想因为一些小矛盾就拿不到丰厚的酬劳，这样的结果是布莱希特万万没有想到的，同时也大大地刺激到了他的自尊心。

虽然这对于布莱希特是一个沉重的打击，但并不是所有人都这么认为，在施特芬·茨威格眼中看来布莱希特所遭受的一切都还太轻，而他和布莱希特一直都很不合，尤其是在文学创作上，他们时常互相鄙视对方。

1934年，布莱希特再次一个人来到了伦敦，走在伦敦的街头，他总是会情不自禁地想起还在休养的情人玛加蕾特·施特芬，尤其是走到有水果摊的地方，他总想要为可爱的情人买点什么，可总在要付钱的时候发现她并不在自己身边。

之后布莱希特来伦敦都是由自己的新情人露特·贝尔劳陪伴着，那段时间布莱希特觉得她很贴心，对自己无微不至的关心让他觉得这世上没有什么样的情感可以超过他们之间的关系。

贝尔劳对布莱希特一直忠心耿耿，不仅把所有的情感都投入在他身上，而且对于他在创作上给予的帮助和支持，她常常鼓励布莱希特创作一部可以和《三角钱歌剧》相媲美的作品，这样不仅可以填补家用，而且可以利用这些钱更好地发展他所向往的无产阶级戏剧。

1935年，布莱希特就打算要写一部关于女海盗的歌剧，并且他想要请最好的作曲家和导演一起合作，就在第二年他们等着反法西斯作家大会举行时，突然想起了这部只是构思并没有来得及创作的歌剧。

布莱希特在贝尔劳的鼓励下写到的多半是以男人为中心的爱情故事，而她的很多部小说也都在布莱希特的指导下进行了修改，她在小说中表达的主要思想就是如果男女两个人在一起并没有什么真感情的话，其实是很痛苦的一件事。

在现实生活中她和自己的丈夫生活得也并不和谐，之所以还一

布
莱
希
特
传

直在一起只是为了要尽到一个妻子的责任，而她的丈夫却一直都对她非常包容，甚至为了能够延续他们之间的感情做了很多努力，但是在布莱希特看来，她丈夫做的一切都没有意义，除了自己以外谁都没有办法给美丽的贝尔劳想要的幸福。

贝尔劳将丈夫对自己的付出看在眼里，对于在感情上的不忠她也十分内疚，但是这样并不妨碍她和布莱希特在一起的决心，虽然布莱希特对于她不和自己丈夫离婚的事一直都耿耿于怀，但是他在必须要离开瑞典去芬兰的时候，他要求贝尔劳同往，只因为他不愿意和心爱的人分离，这样成了贝尔劳沦陷的缘由，也因此让布莱希特抓到了她的弱点，也一直在利用这一点。就在布莱希特去世后人们在他的作品中找到了一首关于弱点的情歌，而贝尔劳一直都认为这是布莱希特写给自己的。

4. 放低要求

布莱希特没能在莫斯科如愿找到一份自己满意的工作，因此对这个崇尚自由的地方开始失望，他希望可以在西方的一些开放国家找到自己发展戏剧的空间，但是他也知道，如果没有国家的支持和资助，一切都只能是空谈，他必须要在能够顺利实施的情况下找到一个可行的解决办法。

布莱希特的无产阶级和资产阶级戏剧的差别不仅仅表现在舞台上的表达方式和演出的内容。他现在把所有的希望都押在了可以在一个比较年轻的无产阶级戏院"戏剧联盟"上演自己的《母亲》，他认为这部剧将会成为自己的戏剧思想被肯定的最好证明，即使这部剧的创作和推出都过于急迫，但他始终认为只有那些可以敢于挑战和改变的人才最适合出演这部戏剧，只有改变了生产方式，才能在舞台上达到他想要的效果。

最后能够有剧院答应上演这部剧，仅仅是因为这部剧是根据高尔基的作品改编而成的，是通过苏联革命背景来做基点的，并不是因为他们想要帮助布莱希特实现他的戏剧实验，当这个剧团重新修改了剧本寄给他时，剧院所要表达的意思完全被改变，这让布莱希特有点无法接受，因为他们选用了他并不认同的自然主义表现手法来重编了故事。布莱希特担心只有环境上的突出，会让观众将重点偏离，也使他们产生错误的政治观点，而只有伟大的工人运动才能够更完美地突出一切。

虽然布莱希特很想要和这个联盟合作，不仅仅是因为这个剧团愿意上演他的剧本，重要的是这个剧团得到了美国政府的支持，而这期间有专门的共产党员和布莱希特联系谈论合作的事，而布莱希特也希望可以和他建立友好的关系，并通过他的劝说让戏剧联盟可以接受他，并且他还写了一封诗歌形式的信给这个剧团，在信里他不仅对于修改他剧本的人过分表达自然形式的批评，而且还提出应邀用一种充满社会主义经典著作精神的叙事方式来表达故事的完整性，因为只有叙事式的表达手法才能够将轻快却简单的情节表现出来。

布莱希特还希望自己可以担当这部剧的导演，要是有人可以为他出路费的话是再好不过的，但是他没有意识到这个戏剧联盟和之前的工人剧团还是有差别的，虽然都是在为工人演出，但是这个剧团是完全靠票房来支持的，尤其是这个联盟的成员并不是完全的共产党员，而是由各党派的人组建而成的，这也是布莱希特不能在这个戏剧联盟里实现自己实验目的的原因。

这部剧能够被戏剧联盟看中，还要感谢汉斯·艾斯勒和杰罗姆的，因为是艾斯勒将这部剧介绍给了杰罗姆，才得以有现在的状况出现，而杰罗姆也为了能够促使双方合作做出了很多的努力，而且他还提议让马努艾尔·柯米茨充当剧团代表先将剧团不同的意见摆平，而且他还和布莱希特签了合同，不仅保证会给布莱希特高昂的费用还会报销他来往的路费，最重要的是他们保证只要布莱希特来纽约，就一定是能够和他合作的。

虽然已经签署了协议，但是双方都各怀鬼胎，剧团是想要在布莱希特来到美国之后，因为现实状况接受自然主义的表现手法，而布莱希特却想着在他自己做导演的时候完全按照自己的意愿来行事，就在布莱希特收拾妥当要离开丹麦时，他写了一封信给自己的情人，并表示这一次的旅行会给他带来非凡的收益。

第八章 傲梅出自苦寒来

1. 接受失败

当布莱希特到了美国之后受到了热烈的欢迎，而且在最开始的会谈中，双方对于合作都表现出了最大的诚意，而且也都留下了深刻的印象，为了能够和布莱希特有个好的合作开端，院团的领导一直都在尽最大的努力满足布莱希特的需求，甚至毫无怨言地在排练第三场的时候将主角给换掉了。对于院团做出来的让步，让布莱希特很满意，在写给贝尔劳的信中还不忘要炫耀一番。

布莱希特对演员的苛刻是出了名的，所以对于他尖锐的批评，演员们还都能够勉强接受，但是他们始终无法认同布莱希特执意要将表现手法直白化更加突出政治观点的做法，认为这样根本就不符合戏剧的要求，甚至连剧团的翻译和导演也都对此提出了异议，并且当众称布莱希特没有干涉排练的权力。

在德国，布莱希特是绝对不允许有共产党来干预自己的工作，但是在纽约他还需要党的帮助，他苦口婆心地劝说他们，虽然他心里清楚他们的政治手段无法在各方面尤其是在政治方面让艺术家服从，他不仅用马克思主义来衡量美国的党，而且还向他们提出要以苏联党为榜样。可是布莱希特还是因为基洛夫被暗杀的事受到了知识分子胡克的责问，他的这种愚昧的行为让布莱希特的思维有些失常，尤其是在他认为政治观点有严重的倾向问题时就更为严重。

就在离这部戏上演不到两周的时间，布莱希特终于和剧团的演员发生了严重的争吵，他认为这部剧作曲人的作品糟糕透了，甚至根本没有办法用，这一说法彻底激怒了他们，他们责令布莱希特马上离开这个地方，不然一定要暴揍他一顿解气，事情发展到了这个地步，让布莱希特没有办法继续再待下去，而这个剧团除了舞台设计支持他以外，再也没有一个人愿意看到他。

虽然布莱希特同样用戏谑的语调批评了这个舞美设计，但是他还是十分乐意听从他的指导。布莱希特曾经在第一次受到威胁的时候就提出要收回剧本，他无法忍受自己不能参与这部剧的排练的要求，因为根据当时签订的合同他是非常有权力的，但在给剧团领导的信中他也表示出了自己和他们合作的意愿，但是对于之前提出的要求没有丝毫的让步。

他认为自己的剧本非常难得，即使是在一个毫不起眼的剧院里只要是排练了他的剧本都会获得很大的成功。在信中他还重点提出如果再不能履行合同上的条约，他就要实行法律赋给他的权益，最后他还提出如果不让艾斯勒参加这次排练，他同样可以有权利提出抗议。

可是布莱希特和艾斯勒最后谁都没有能够再进行排练，他们两个请求杰罗姆能够帮助他们解决这个问题，而杰罗姆一方面要求剧院尽力满足布莱希特不允许剧本改动的要求，另一方面也要求布莱希特他们别采取过激的反对措施，更不能向媒体爆料，在双方基本答应了他的要求之后，他们在布莱希特所住的房子里进行了谈判，虽然有中间人的调解，他们表面上总算还和气，但是用不了多久他们就又会因为各种问题闹翻。

可想而知这样状况下排练的剧本结果会怎么样，这部戏不仅被外界称为最糟糕的一次演出，而且还让剧团在经济上受到了严重的损失，即使首演的情况并不是那么乐观，但是布莱希特还是坚信《母亲》可以在工人群众中得到共鸣。

对于媒体做出的反应，布莱希特完全不放在眼里，他希望剧院能够完全按照自己的意愿重新排练一次这个剧目，但是一直以来剧院都是有规定的，只首演过后的剧目是不能重新排练的，而且就政治和艺术相结合的问题上，剧团一直认为目前已经做得很好了。

剧团领导固执的想法让布莱希特很失望，原本认为会有很好发展的喜剧联盟和百老汇的任何一家戏院都是一样的，对于《母亲》演出的失败他将所有的原因都归结到剧院目光短浅上，而且他也决定再也不和左派的剧团合作，虽然他们的思想水平高于百老汇，但是说到专业水平实在是不及百老汇。

2. 梦想启程

布莱希特一直认为纽约有很多剧院都是由一些剧作家在背后控制的，而为首的就是莱福德·奥达茨，虽然他的作品有些是布莱希特欣赏的，但是在他的那部《失去天堂》的作品里让布莱希特的不满达到了极致，尤其是故事里的主人公完全就是一个偏执的剥削狂，布莱希特不明白为什么那些小的已经步入没落的企业家对于工人阶级的剥削就能够被抹杀，而且他质问奥达茨创作这部剧的目的是不是想要告诉大家，工人并不是能够主宰世界的主人？

已经回到斯文堡的布莱希特写信给杰罗姆，希望他可以通过向新加入党的年轻人传播正确的政治观，并对于《失去天堂》这部剧展开政治上的谈论，他还表示自己没能在纽约和同行谈论文学上的问题感到了可惜。

布莱希特心里清楚《母亲》之所以会失败并不在于有杰罗姆这样的人在，而是那些因为受到了没有正确的政治观点人的影响。布莱希特也明白自己的教育剧对于当地的观众和剧团都不仅陌生，而且还将它们常规的思维模式给打乱了，这次失败的纽约之行让布莱希特再次感受到了在莫斯科时的失落，也让他更加肯定现在的党领导和大部分的艺术家对于他的作品还存在很多不理解。

在莫斯科的时候布莱希特和贝拉·孔是好朋友，到了纽约他和杰罗姆是好朋友，原本布莱希特是想要通过他们的影响力，在当地开展自己的工作，但是到最后却因此让自己陷入了两难的境地。后来贝拉·孔因为政治问题被判了死刑，而在杰罗姆喜得贵子之后，布莱希特送了一首根据中国文豪苏东坡改编的关于生子的诗。

当布莱希特的莫斯科和纽约之行以失败告终之后，布莱希特只能将所有的希望都寄托在丹麦这里，他希望可以在这里长久居住之后能够真正将自己的工作展开，只是《圆头和尖头》一直迟迟不能上演，让布莱希特再次感到了不安。布莱希特对于自然形式的戏剧一口回绝的表现，让原本对他还有些好感的丹麦艺术家不能理解，甚至对他失去了原有的兴趣。

在布莱希特和魏格尔的帮助下，由贝尔劳和一群业余工人群体演出的《母亲》在他眼里是相当成功的，他们不仅非常用心地去排练这部剧，而且在排练过程中从布莱希特那里学到了怎么最大限度地将事实还原并能够起到对观众教育的效果。而且在贝尔劳的提议下，布莱希特还专门为这个演出团体写了演讲稿，鼓励他们要为了自己的梦想一直努力下去。

因为白天大多数人都要进行他们的本职工作，只有到了晚上他们才能在一家挂着红旗的地下室进行剧本的排练和谈论，贝尔劳会为大家准备好食物，而在休息的时候魏格尔会为大家演唱由艾斯勒创作的歌曲，布莱希特则会亲自向演员们示范舞台上的一些起码的情感变化，并为演员们做指导，而布莱希特还为他们请来了翻译家为演员们上语言课。在这些人中只有贝尔劳会因为剧本中出现的问题不断地向布莱希特提问，原本只有少数共产党员参加这个剧团，但是等这个剧本排练之后有很多人都自愿入了党。

虽然这个剧团的演出成功只是对于一小部分观众来说的，但是对于大家的努力，布莱希特还是很感谢的，布莱希特还是希望能够在哥本哈根为自己的戏剧找到一个可以施展的平台，所以他并没有请媒体来对这个剧团做任何的报道，他很清楚这里的媒体一向对于政治观点过于强烈的剧本都是反对的。

布莱希特原本希望可以通过上演《圆头和尖头》来打开未知的局面，这个剧一直都在因为各种原因拖延，让他一直等了一年多才有机会真正地在剧院里开始排练这部剧。

佩尔·克奴措恩和布莱希特根据小说里的人物进行了详细的分析，对于布莱希特所执着的表现手法也给予了高度的赞扬和肯定，但是在演员如何诠释角色的问题上，他们两个发生了严重的争吵，布莱希特也在情绪极度不稳定的情况下先回了斯文堡。

回到斯文堡的布莱希特对于那些只对他的作品其中某一部分

感兴趣的人嗤之以鼻，但是为了能够让这部剧顺利地上演，在魏格尔的努力调解之下，布莱希特还是回去继续排练，总归来说这部剧还是在很多方面都符合布莱希特的要求，但是通过当地媒体的报道和对剧本的评价，布莱希特也明白了想要在舞台上表达出更多的内容，剧情的好坏只是其中的一部分，演员在舞台上是否入戏的表演，才能够让观众真正找到英雄的榜样。

3. 从头再来

为了确保《圆头和尖头》能够顺利上演，剧院甚至通过特殊渠道得到了官方的认可，定于1936年11月4日将在剧院上演这部剧，在面对记者的采访中，布莱希特这次并没有强调他这部剧的意义，而是称赞了政府的英明，对于这部剧的首演也并没有太多的评论，反而是曾经在纽约和莫斯科的成功的上演被拿来做借鉴，并宣布首演之后将会在布拉格再次上演这部剧。

首场的演出很成功，但是大部分的肯定是来自于布莱希特的朋友，尽管如此还有一部分资产阶级的媒体并不看好布莱希特的才华，只是对于这部戏的政治倾向只字未提，认为根据他们表达出来的观点，这部剧还有很多不完善的地方。不过对此布莱希特早就有了应对政策，在这部剧上演之后布莱希特就对这个问题做了详细说明。

布莱希特对具有划时代意义的剧本里表现出来的戏剧观很反

感，只是因为他对于戏剧过于偏执，让很多人无法理解，甚至对于这部戏剧也是完全否认的态度，有人更因此断定布莱希特是个虽然有才气但是性格分裂的怪人。

很多人认为《圆头和尖头》并没有什么戏剧性，最多只能算是一部很粗糙的戴着面具的戏剧，虽然不能不承认这整部剧都透着智慧，但是很难从中发现有价值的文学可观性。几乎所有的戏剧评论家和媒体都觉得这部剧的表达手法和本应想照应的主题根本就不对称，而且想要用讽刺的口吻去评价种族间的矛盾也并不妥当，最重要的是他们认为这部剧都是反面人物。

但还是有家社会民主党的报纸对于这部剧给出了正面的评价，而保守派们的态度也证明这部剧在某种程度上来说还是很成功的，至少他很真实地表现了现实意义，也让布莱希特看到丹麦在对待希特勒的问题上还是可以行得通的。

也正是因为有这部剧的争议，纳粹和天主教联合起来对于侮辱他们是色情者的犹太共产党进行了反击，事件一发生就再次把布莱希特推到了风口浪尖，越来越多的人开始关注他，甚至有人质疑他是不是符合居住在丹麦的条件，但是在哥本哈根却因为这件事赢得了更多人的关注。

这部戏因为涉及了有关犹太人而被纳粹所利用，也致使这部剧能够连续上演21场，就在人们发现布莱希特并不是犹太人时，对他的攻击就更加尖锐，而他被外界纷纷猜测为共产党的身份就更加令那些人气愤，就在这个时候一向以谨慎出名的皇家剧院也想要和布莱希特合作排练他的其他剧目，让布莱希特更加惹人争议。

《屠宰场的圣约翰娜》虽然成功上演，但是抵不过社会上的议论，让他们本来想要打算接着上演《小市民的七重罪孽》的信心很大程度上减弱，可是事情也没有发展到毁约的份上，他们还是很精心地排练了这部剧。

4．最代表进步的剧作

虽然《小市民的七重罪孽》有很多名人加盟，但是想要上演的时候却赶上了《圆头和尖头》在社会上引起了轩然大波，再加上纳粹在明处和暗处都在和布莱希特做对抗，皇家剧院最后决定这部剧只上演两次就停演。

丹麦政府想要对布莱希特做出裁决，但是最后并没有真的施行，布莱希特除了能够得到共产党的支持以外并没有得到其他团体的支持，在他们心里纳粹能够攻占下丹麦的可能性也并不是不存在的，不过还是有正直的作家站出来指责他们同行面对这种情况不能勇敢站出来的行为，也正是因为这件事让布莱希特明白自己在以后的流亡生涯中是不能够再进行他的戏剧实验了。

现在所发生的一切让他不得不承认想要生活在一个完全没有纳粹的国家是不可能的，而要在流亡时平静地生活就要尽可能地低调，而背着共产党身份的自己只能更加惹人注意，同时无时无刻不在给自己惹麻烦，他必须要做出一些事情让资产阶级想起他其实只是一个诗人，只有让他们有了这样的认知，自己才能够在政治立场上有立足之地。

很多年后布莱希特想起对于自然主义形式的表现手法，他曾经无意中伤害了擅长运用这种形式的保尔·勒默尔特，而他是唯一让自己的《伽利略传》取得成功的人，也正是因为如此，布莱希特在现实情况下做出了让步，在他之后的一些作品中也加入了自然主义手法，并且在不同程度上都取得了成功。

布莱希特很多作品都在一定程度上保持了教育剧的意义，后来他给已经定居美国的科尔施的信中写到，他的改变让自己在丹麦的居住期又再次被延长了，他听从了朋友对于在文学上的创作，也因此改变了自己在别人眼中是共产党的形象。

也许在布莱希特创作的众多作品当中《圆头和尖头》是唯一没有引起别人重视的作品，这可能和它当初在刚上演时引起的风波有关，当初并没有什么人能够理解这部剧想要表达的寓意，而是单纯地把它当作嘲讽希特勒的一部讽刺剧。

在经过了几十年后的今天，当人们再次决定排练这部剧的时候，应该从剧中提到最终解决问题的地方，而在分析这部剧的结构时，更应该从布莱希特经过修改之后所要表达的政治意义上出发。虽然1936年的布莱希特想要竭尽全力地去表现这部剧本的现实意义，可他也并没有只是以为的要求和希特勒表面上的相似，当时有很多地方都会因为这些敏感话题提高警惕，即使是在没有警察的地方也还是小心的好。

《圆头和尖头》是布莱希特根据莎士比亚的《一报还一报》改编而成的，这部戏在布莱希特眼中看来是最能够代表进步的剧本，原作者要求一些有背景的人物在对待自己和别人的问题上做出平等的衡量，而不是一味地要求自己的百姓得到一些得不到的东西。

布莱希特在保持原作风格的基础上完全改变了故事的发展，布莱希特想要通过人物的发展来实现阶级社会吹捧的正义其实就是一文不值的空话。当1932年希特勒的影响力越来越大的时候，布莱希特想要通过改变这部剧的人物命运达到实现揭示种族理论只不过是为了要转移人们进行阶级斗争的把戏。

本来在这部剧的第一手稿中布莱希特重点想要表达的只是种族分化的严重性，但是等到希特勒上台后施行的种种政策，让布莱希特为此增加了很多具有讽刺意义的情节，他不仅将剧中的喜剧成分给删除了，而且对于种族理论的虚伪性加深了描述。

其实如果不是这部剧重点讲述的是在德国上台的希特勒，而仅仅是那些还缺乏武力战争胜利和工人阶级革命的国家，也许这部剧会成为一部胜利的预言书。

5．导火索

布莱希特的很多作品都是走的教育剧形式，也因此奠定了他想要在自己的作品里宣传工人阶级统一战线的信念，只是他忽略了作品本身的时代感。1935年在巴黎举行的国际作家保卫文化大会上，布莱希特也公开表示了对于党在当时颁布的战略方针。

对于布莱希特提出的关于希特勒一系列的问题都没有能在会上找到共鸣者，而是引起了很多的争议，在布莱希特看来为流亡在外的作家们聚集起来是一件很有意义的事，可现在这个会议却让布莱希特感到了无聊，他认为这就是一群没有原则的人在哗众取宠，总是控制不住自己说一些讥讽的话。

布莱希特把这次参加大会的经历当作是在为自己的小说收集素材，对于那些知识分子的迂腐，布莱希特认为可以成为他很好的讽刺对象，而对于瓦尔特·本亚明来说能够在大会上听到布莱希特精彩的发言以及认识他，是他参加这个大会最大的收获。

他们两个都不喜欢大会举行的动机，而对于根据各类作家的作品而做出性格上的判断，却非常投机，他们对党的态度和对现实的认知惊人地相似，也让两个人一见如故。

《言论》将在不久的将来已经筹备好而在巴黎上市，布莱希特目前可以做的事就是和党内部人一起做好筹备工作，这也是他唯一在巴黎得到认可的工作，在多位艺术家的推荐下维利·布莱德成了这个报社在莫斯科的主编。

也许布莱希特是他们当中最不怕报纸会出现倾向问题的作家，但是福伊希特万格却坚持为所有流亡在外的作家用德文出版一本专门的杂志，一直到第一期杂志在1936年中旬正式出版的时候，所有人都还在为亨利希·曼争取到出版人而努力。

亨利希·曼对于福伊希特万格的提议十分赞成，他也认为在苏联搞共产主义民主是行得通的，但是在德国就是应该在没有学说的条件下争取最大的自由，如果非要有的话也只能是社会主义学说。可是布莱希特和他的观点恰恰相反，他不认为先争取自由后的宣传可以起到任何实质性的作用。

虽然说布莱希特是主张革命反对改良主义的，但是他也并不赞同所谓的反对派对于苏联现在推行的民族社会主义做法进行指责，在布莱希特看来，他们的指责恰恰说明了他们早就对无产阶级国际主义政策选择了放弃。

很可惜，布莱希特对于莫斯科当前的政治形势进行了错误的估计，他美化了苏联对待兄弟党的行为，但是必须要肯定的是布莱希特对于那些并没有足够的武力和纪律就要起义的革命者的怀疑态度还是好的，而人民战线政策的颁布就是为了针对法西斯主义而进行的一项必不可少的措施。

1935年的法国，共产党和民主党强强联手组成了一个新的政府，这一举动终于让纳粹开始有些心悸，当第二年西班牙发生内战后，纳粹立刻派出军队支持那些驻守的将军们，他们不想看到有一个带有社会主义性质的新的西班牙出现。虽然从外交的种种迹象来看，法国实行的人民阵线政府绝对是一件必不可少的事，但在内战中采取的手段就有些令人民大失所望。

就在卷起工人罢工抗议的风潮并有可能让法国开始革命时，政府内部的所有党派都不愿意让法国的社会主义形式发生改变，其中共产党首领也认为工人罢工运动是不可取的，必须要马上镇压下来，工人们所希望的都已经在达成人民阵线之后成了事实，只要有一个稳定的政府才能够克制住法西斯在法国的暴行。可布莱希特不认同他们的观点，他和本亚明都觉得他们太过于美化左派的政策。

因为西班牙的政府遭遇了百年来最大的威胁，这迫使在此居住的所有流亡者都聚集到了一起，而法国的一场声言要支持西班牙的运动正在紧张地进行中，为了配合这场运动的进行，法国政府第一次同意可以在舞台上上演政治剧。

布莱希特被任命为这部剧的编剧，他开始着手准备写一部具有宣传意义的剧本，以增加观众能够都站起来支持西班牙人民的武装斗争，他根据当时西班牙内战发生的事件为主线，以《骑马到海的人》为蓝本创作出了名为《统治比尔包的将军们》，而最精彩的可以说是在一位母亲得知自己唯一的儿子死后的心情和感悟。

6. 短剧中的亮点

布莱希特并没有对这部剧的大结构进行大的变动，而是在结尾更加呼应这个剧本创作的初衷，虽然从表达的手法上可以看到布莱希特这次已经没有那么执着，但是他一直都坚持的政治观点一点都没有改变，在西班牙的自由事业败北的时候，布莱希特将这部即将要上演的剧本再次做出了修改，更加强烈地呼吁人们要通过武装斗争来对暴行和剥削进行反对。

在剧中，布莱希特设置的主人公一直在不停地询问为什么要战争的问题，导致战争失败的原因也是因为他们只会问这个问题，并不知道要怎么去做，最重要的是布莱希特从主人公在战争问题选择了中立态度的角度上讽刺和指责了那些保持中立的西方国家。

对于这部剧的宣传效果布莱希特还是很满意的，但是从创作角度上来看他认为还有许多可以更改的地方，他还是希望可以从西班牙当时内战的原因和他们的社会性质方面来入手，后来布莱希特将这部剧改名为《卡拉尔大娘的枪》，虽然这部剧里没有任何对于政治的评论，但是他用合唱的形式将一些政治观点演绎出来。

考虑到自己在创作时的不足，布莱希特建议在这部剧中穿插纪录片，这样一来可以更加直观地让观众看到和了解政治背景，他不想自己的作品最后成为一部只是有解释性的意义在其中的戏剧而已。

布莱希特很想创作一部具有鼓励意义的时代剧，他在为皮斯卡托创作剧本的时候，他从报纸上得知一些英国船长不按政府指示，对封锁比尔包的将军发出了抗议的事件，让布莱希特的创作有了灵感，而这部剧拍摄成电影也只需要一小部分的资金，五个演员和一些道具就能够完成全部的流程。

在对西班牙共和国进行声援的活动中，布莱希特忘记了自己曾决定要低调做人的原则，布莱希特用三个月的时间，和一些想要表达真正世界和人类共同生活的条件的艺术家们，进行观点上的交换和讨论，他认为这是一项很有意义的活动，他还要求这些艺术家们把自己的观点用报告的形式交给他们，然后再由他们从中提取创作型的术语。

后来布莱希特建立了狄德罗协会，希望可以更好地开展这一项活动，只是在共产党的范围里进行这项只能是妨碍自己工作的美学争论，让布莱希特不得不学会自救，而这个协会产生于和舞美设计古莱利克的谈论中，名字是由布莱希特很欣赏的一位评论家命名，之后布莱希特还积极邀请让·雷诺阿能够参与进来，因为这个协会已经有很多有名望的艺术家。

1937年夏天才刚刚开始，布莱希特和他的朋友一起去参加一个在巴黎举行的作家代表大会，这个大会的议题是讨论知识分子该如何对待西班牙内战，而共产党和莫斯科守旧派的分歧制约了这个大会的主题，只是这个会议的组织者本身就是想要通过大会批评安德烈·纪德，根本就没有想要支持西班牙的意思。

这个大会结束后没有多久，就已经开始有人提议将这个会议持续下去，在他们来说这是一件好事，他们可以在大会上了解到最新的战况，还有很多国家都参加了国际纵队。很多人都为了能够参加这个会议来到当时已经处于危险地的马德里。

布莱希特不善于参加这种危险的活动，他向来都没有什么冒险精神，他觉得用语言和思想更能够代替危险的活动，他不想去马德里，他只同意写一篇可以拿到大会上的评论，即使别人笑他是胆小鬼也不能让他有所改变，不过他在自己的发言稿里还是肯定了这次内战的意义。

布莱希特这次的表现让作为记者的贝尔劳的朋友库尔佐夫感到了失望，他觉得像布莱希特这样的作家是应该要去亲眼见证历史的。后来贝尔劳和丈夫一起去了西班牙，这让布莱希特感到很痛心，他不能阻止贝尔劳的行为，更不敢跟着她一起过去，在他眼里贝尔劳的行为并不是一种革命的表现。

布莱希特一直和贝尔劳讲的艺术的战争并不能掺杂着火炮声，让他根本无法接受的是这一次贝尔劳听从了库尔佐夫的建议。回到斯文堡的布莱希特一直写信给他的情人，要求她要注意安全的同时，一定要想着自己对她的爱，而且她也是不能离开自己的，并且希望她可以尽快回来。

当贝尔劳告诉他确定了回来的一切事宜之后，布莱希特亲自驾着他的汽车，可是并没有接到她，这让兴致勃勃的布莱希特很恼火，也正是因为如此，让他必须要重新审视这位情人，之后他还写了一首诗向所有人做出警示。

其实布莱希特之所以这么失望是有原因的，当时的贝尔劳确实是按时回来了，只是因为后来在船上结识了一个曾经参加过内战的勇士，所以他们相伴而行，重要的是贝尔劳根本就不知道布莱希特会去接她，可是她转念一想他们之间的协议其实布莱希特也并没有遵守过，后来自知理亏的布莱希特写信告诉贝尔劳她的做法是对的。

布莱希特再次来到巴黎的时候，是为了要排练他的两部作品，而因为其中一部是由贝尔劳主演的，他在她演出的过程中重新看到了她身上的魅力，这也让布莱希特很快忘记了他的情人曾经不忠于他。后来经过布莱希特得到瑞士签证这件事让他觉得，贝尔劳的瑞士情人乔治·布拉廷不是一无是处的。

《卡拉尔大娘的枪》成功在巴黎上演后，让布莱希特开始对创作短剧产生了兴趣，而自己妻子在这部剧里出色的表演再次吸引了布莱希特的眼球，这也是他在婚后很多年第一次真正意义上审视自己的妻子，后来魏格尔开始了各地的演出，而布莱希特就留在斯文堡陪着孩子们。

布莱希特因为要排练剧目去过一次巴黎以外，只是偶尔去哥本哈根参加几次活动，他大部分的时间都是在逃亡者聚集地度过的。然而希特勒日益壮大的势力让布莱希特感觉到自己的创作受到了巨大的威胁，他必须要一直保持理智才能够不陷入绝望中去。而这段时间施特芬和贝尔劳是他生活中必不可少的助手。

7. 突破口

布莱希特一直试图想要对苏联的政权做出最准确的结论，他用一种怀疑来审视苏联所发生的事，而且用自己和马克思在对待国家的态度上进行了比较，他认为这是一种虽然带着批判但是还算积极的态度。而当莫科斯发生大清洗时，很多人都感到了岌岌可危，布莱希特也对于那些知识分子们的态度更加恶劣，不仅把他们当作是自己在创作上出现的敌人，更是自己在政治上发展的敌人。

布莱希特作为马克思主义的支持者向来对于同样是马克思主义支持者的卢卡契看不顺眼的，也是他们所站的立场不同。

"一个根本不懂什么才是马克思主义的人，竟然敢大张旗鼓地指责我的不是，真是笑话"，虽然卢卡契德高望重，但是面对反对他的人还是恨得牙根痒痒的。

之后在1941年两个人在莫斯科见面时都是一种想要求和的态度，但两个人一直都是暗自较劲，可是在面对后来的德国民主共和国的问题上，两个人才第一次真正意义上抛弃了之前的所有不愉快。

在是否要支持具有教条意义的领导人时，他们两个终于站在了统一战线上，但是他们在艺术上却始终存在着不同的意见，甚至对艺术界的大师的看法也一直都存在着分歧。布莱希特活着的时候，一直都是卢卡契占据了上风，很多共产党做出的方针都和他有关，而他的那些学生也都把他当作是修正主义的代表，他们把布莱希特看作是一个虔诚的圣徒。

在卢卡契的眼中，布莱希特是一个想要将已经没落的文化彻底消灭的代表，可是在布莱希特的追悼会上，他却给出了很中肯的评价，认为布莱希特才是真正的戏剧家，他的一生都在为了要改变戏剧的艺术形式和德国社会性质做着努力，他的坚持赢得了所有人的尊重。

在布莱希特死后，卢卡契将他和自己欣赏的作家划到了同样的行列中去，而且他还在自己出版的读物里公开了对布莱希特多年计较的歉意，他认真地阅读了布莱希特的众多作品之后不得不承认自己当初和他持反对态度有很大的问题，但是他一直都没有将从布莱希特那里得到的正确观点运用到自己的作品中去，直到去世都没来得及。

卢卡契虽然对布莱希特也有很多正面的评价，但是基本上他在政治上的态度并没有很大改变，后来有人猜测他之所以赞同布莱希特的观点，只是因为布莱希特在自己晚年所发表的著作都在向卢卡契的立场靠近。

虽然在很多地方卢卡契都表示对于布莱希特晚年在剧作上的改变令人感到欣慰，但是布莱希特采用的间离表达手法他并不能接受，他还一直坚信只有旧的美学理论和观点更适合现实主义理论，说到底卢卡契在心里还是敌对布莱希特的。

卢卡契一直以家长的口吻在和布莱希特进行交谈，即使在他观看了《第三帝国的恐惧和灾难》时给出的评价，和批判他的口气都是相同的。"从这部作品里完全看到了一个艺术家应该有的品质，布莱希特的创作水平大有提高啊！"

布莱希特无法理解他的心态，他完全只看到了其中一幕的精彩，几乎全面忽略了演员在舞台上的表现，在布莱希特眼中只有能够掌控全场气氛的手段，才能够引起共鸣。

卢卡契对于布莱希特提到的间离效果一直都嗤之以鼻，而布莱希特对古典文学也一直采取反对态度，不过在他后期也曾经有所改变，在很多时候布莱希特在晚期的作品都带有讨好性质，而他当时演古典剧只是想要在形式上能够找到突破口。

第九章 人生最大的挑战

1．谁说不可以

　　布莱希特为了能够让自己的作品成功上演，无论从什么方面来看都明显有了退步，这也让布莱希特感到很遗憾，布莱希特心里清楚如果想要真的赢得掌声，很多剧目都需要重新修改，让内容和主题都更加直白和突出。

　　布莱希特在创作《四川好人》的时候一直想要将自己的水平发挥到正常，但是似乎无论布莱希特做出什么样的改变和对作品的改动，都不能让卢卡契得到认同，永远觉得布莱希特不够真实，尤其是他采用的间离效果更是糟糕。在他眼里这不过是布莱希特的小把戏，根本没有什么炫耀的必要。

　　虽然布莱希特的作品一直都没有能够在上演时得到什么好评，但是他却还是一直坚持自我，即使他明知道自己作品里的不足，但他并不愿意就此将内容做出很大的改动，可为了避免观众对他使用间离效果的误会，他曾经特意在结尾处交代了这部剧是叙事剧，只是为了要引起观众的共鸣，而选用了一种特殊的表现手段而已。

　　布莱希特的改变并没有让他选择就此退让，1945年他在美国修改这部剧的时候，他曾经和自己的老师有过一次很深刻的谈话。

　　"我是无论如何都接受不了在自己的剧本里出现那么大纰漏的传统戏剧的缺点。"当布莱希特听说卢卡契竟然公开批评自己不坚定时，简直要暴跳如雷。

"但是你要清楚，在你的作品里也是能够看到传统戏剧的影子的。""可那绝对不是不坚定，我只是不想要利用间离效果阻止感情的书法，反而是想用这个方法更好地表达感情，而且你应该知道我一直想在实际解决形式上找到一个满意的结果。"狠狠地抽了一口烟的布莱希特，似乎想要把心中的憋闷一吸而光。

　　"卢卡契并没有通过你的作品站在辩证的角度理解你的戏剧特点，而你想要和观众引起共鸣，就应该要在特点上不断地创新，虽然叙事式的表演不能在悲痛的气氛中起到什么作用，但也并不代表不能够通过这样的一种表演形式有那种悲凉存在。"老师的话似乎说到了布莱希特的心坎里，他不自觉地点了点头。

　　面对那些主张现实主义的评论家，布莱希特一直都是坚持自己的意见，他觉得间离效果最能够表现辩证的本质，并且能够解释辩证的特点，所要表现的悲剧并不是很重要。但卢卡契并不关心作品中是不是有现实主义，他想要找的只是一种艺术的体验过程。布莱希特一直想要摆脱旧的表现形式。

　　1937到1938年，布莱希特和朋友创办的《言论》，让艺术界掀起了一场对表现主义的论战，对战的一方就是卢卡契和他的崇拜者，而另一方则是不断寻找创新却一直遭人怀疑的艺术家们。虽然布莱希特从来也没有正式参加过这次论战，但是他从各方面来看都是另一派的中心人物。

　　对现实主义讨论的高潮就要到1940年末了，莫斯科希望斯大林在艺术方面提出的政策可以在国际上产生一定的影响力。这一次布莱希特参加了讨论，但是他从来也没有直接表达过自己的任何一方面的观点。

但是布莱希特一直都没有停止过自己的坚持，虽然后来这场论战已经让两派的矛盾达到了白热化的程度，所以为了不让反法西斯的统一战线崩塌，布莱希特自愿退出了这场论战，他希望可以让事情还有转机，但是从美学的角度上他的观点始终都是和卢卡契对立的。

布莱希特一直都拒绝莫斯科提出的什么现实主义风格的艺术理论，尤其是对当年大肆宣扬这一理论并创作出一系列作品的作家们进行了尖锐的抨击，甚至是肖洛霍夫的《静静的顿河》，在布莱希特眼中也并不是一部现实主义的小说。

2. 跟上时代的步伐

虽然布莱希特对这样的艺术形式并没有什么好感，甚至是认为它具有灾难性，但是对于爆发了十月革命的苏联，布莱希特并没有把这个当作是他反对的一种借口。但是他还是和其他与自己的观点相同的评论家有不同的看法，他想要对具体问题进行深入的批评并不是为了揭露它的本质，而是想要证明这件事本身的价值。

布莱希特在布尔什维克文学的领域上呈现出来的问题，曾和众多文学家进行过谈论。

"我认为他们的文学之所以不成熟，主要是因为提出的很多改善方法都并不能起什么作用，或者说他们使用过的方式这个领域都起不了作用，可能是问题太过棘手，所以让他们还不能在文学角度上学会适应。"布莱希特对于自己的发现很有自信。

"你凭什么这么认为？"其中不乏对布莱希特言论有不同意见的作家。

当时的布莱希特和他们进行了激烈而又愉快的辩论，后来布莱希特又再次证明了自己的观点，在他看到党对作家提出的要求造成的后果时，他意识到，苏联想要将自己的国家体制进行改变，所以要求所有的作家都要在这方面出一份力，没有想到的是很多人因为这一改变而丧失了生命，甚至原本有希望可以在文坛上有一番大作为的人遭到了所谓的进步文学家的打击报复。

"马雅可夫斯基就是其中一位受到不公平对待的文豪，他和我一样都坚持列宁的观点，认为革命只有在理论和实践统一的情况下才能够被实现。虽然作家可以在党的要求下进行各方面的创作，但是这对于一些要求进步，甚至和人民站在一起的作家来说，是一件很难两全其美的事情，在对艺术的创作上甚至可以称得上是毁灭。"这句话着实地说到了人们的心坎里去，不由得让他们连连点头。

可是在党的眼中，那些能够听他们指挥的作家远远要比想着建立社会主义国家的作家们更可爱，所以才会常常出现像是很多站在党那边的人对布莱希特和马雅可夫斯基这类坚持自我的人进行批评的事情出现，只是因为他们揭露出来事情的缺点并且触及了事件本身的矛盾，但是那些站在资产阶级的作家因为看不到事情的真相，却依旧指责他们只会听从党的指挥。

卢卡契曾经在公共场合提到"一直坚持的传统只不过是想要达到正确的艺术性地表现当今的现实状况。"虽然他对自己很满意，但是很多人都清楚这一结论，不过是他在流亡时期扮演的那种无法让人接受的角色的一种狡辩，在当时他不仅仅想用现实主义来反对所谓的颓废文学，还想要通过带有消灭倾向的色彩将矛盾对准持有社会主义思想的作家。

然后，卢卡契在《国际文学》杂志上发表的《表现主义的伟大和衰亡》和《叙述还是描写？》无疑成了《言论》杂志大论战的导火线。布莱希特对于他的第二篇文章充满了反感，在这篇文章里卢卡契把托尔斯泰、巴尔扎克和司各特在文中擅长的叙述风格的手段对福楼拜和左拉的风格进行了对比。

他认为前者拥有一种很重要的表现形式，不仅能够在时间中完美地表现出人的命运，而且通过对这些人物的生活状况描写社会生活也起到了一定的意义。可是在后者的作品中，作者只是起到了一个观察者的作用，在他眼里，作者只是对生活的立场才能起作用。

也正是因为叙述和描写是资本主义两个不同层面上却又根本的写作方式，也让作家对现实生活产生了两种不同的立场，因为描写能够助长一般的倾向，所以这种表达方式可能会让文学中出现现实主义。

卢卡契对于创作的要求是希望可以通过自己的塑造将人物丰富的生活全面地展现出来，他觉得现代派作家追求的所谓的科学性会导致全面主观主义的现象出现，所以和人命运无关的物体诗意是不应该出现在作品里的，只有通过物体和人物命运的相联系才能够出现诗意，所以伟大的作家是不会去直接描写物体，而是通过对物体的叙述将人的命运联系起来。

人只有在较为真实的行动中才能够经得起考验，并且能够充分地表现出人的命运。只有真正符合这些条件的小说才能够塑造出经典的形象。

3. 实践出真知

卢卡契一系列的批评都是针对特列基雅科夫创作的小说，他觉得在特列基雅科夫小说中的人物只不过是一种说明材料，而他写的小说只不过是主张物体生物学的理论。

这与卢卡契理想中的作品核心相悖，他坚信：在任何伟大的艺术作品中，人道主义与现实主义总是密不可分地交织在一起。现实主义艺术应当以人性的本质为视角出发，微观地描写人性，从而宏观地表现人性的本质力量，捍卫人的完整性。

只要在一部小说中缺少了主线人物，卢卡契都会认为这是一部具有社会学和社会倾向的作品，在卢卡契眼中只有能够将有个性的人物细致地描写出来，才能够将人生活的无限丰富性表现出来。那些被称为"倒退的艺术"的现代主义艺术，正是抛弃了艺术的人道主义理想。综合来说，卢卡契的观点就是：人道主义是使现实主义艺术具有永恒价值的基础。

在众多作家中，卢卡契一直认为只有像肖洛霍夫的作品，描写人民生活各历史阶段的顿河史诗所表现出来的艺术力量和正直品格，才真正能够称得上是经典作品，只要稍微地看一下就能知道他所想要的艺术境界和生活是什么样的，毕竟对于一个现实主义作家而言，自身的生活方式也是能够给作品带来一定作用的。

在卢卡契的心中，艺术创作的完美与审美价值的不朽是它的历史过程，并且是和谐而统一的。他强调艺术作品必须具有典型性，能够生动地表现时代和社会本质。能够改变这一切的方法只有先让人们将原本的生活打破，尤其是资本主义已经开始这么做了，虽然在很多作品中描写出了大量的现实状况，并不是人们想要看到的，但只有随着量不断的增多才能够发生质变。

可惜卢卡契一向喜欢把一切事物都从世界放到意识领域中去，他总是试图用整体来反映事实，用内容与形式统一的人道主义理想来与资本主义物化相抗衡。他曾经很愤怒地观察过，在很多作家的作品当中，人物并不是描写的主线，事物替代了人物命运，并且从多层的构思中产生出了许多机械性的组合和联系。

这一切被卢卡契看在眼里，他认为这是一项很疯狂的举措，这一切使小说越来越没有人性化，对于卢卡契来说这一切都是不幸的，但是他不甘心坚持这么久以来的理念轻易被人们摧毁了，所以他想要诬赖那些已经接受从传统走向改变的作家，认为他们已经屈服了，卢卡契认为这些人完全是站在资本主义的立场上，他们的低头让生活也失去了人性。

现在的卢卡契根本完全不去管那些遭到他污蔑的作家们的抗议，他认为这些不过是他们做出来的把戏而已，都是些表面上的极端主义者，但是他完全没有注意到那些原本生活在资本主义世界的人，本来就是将他们所有的人性都倾注在了这些所谓的看法中去，也是从这一刻开始意味着反非人道生产的斗争开始了。

卢卡契认为即使想要改变社会主义机制也不需要将原本的小说面貌进行改变，可实际上他一直坚持的理论早就不合时宜了，很多东西都已经变得复杂化，但是根本没有体现出所谓的丰富多彩，他一直都把自己的想法变成了一种理论，而且大大地超出了现实的范围，不再是单纯的作家行为。

布莱希特在工作日记里对于卢卡契的过分执着表示嗤之以鼻，他不仅指责卢卡契作品中的一切术语，而且还对他表达了自己的看法，他认为现实主义的概念必须宽泛，并且绝对凌驾于一切成规习惯之上。

社会机制的改变会在一定的程度上影响传统小说形式的改变，只有资产阶级早期的作品才能够全面地塑造人的丰富生活，并且要求人们去一味地模仿，可是现在的人们并不可能全面地发展起来。

一个合格的作家本来就应该用一种较为抽象的眼光去看待无产阶级，一定可以在这个基础上发现新的东西，与此同时，对于艺术作品一定依照生活现象进行描写并赋予它艺术生动性，这是他们必须应该明白的一点。

传统形式的小说家想要表达的事实已经无法成真，那卢卡契这一派的维护者也并不能改变这一现实，越来越多的小说家将事物变成了描写的主线，并以此创下了辉煌的纪录。

4. 蒙太奇表现手法

对于卢卡契曾称赞《密探》的表现手法很到位的说法，布莱希特不得不再次鄙视，因为在这部戏里布莱希特运用的正是卢卡契一直反对的蒙太奇表现手法。布莱希特本人对于蒙太奇这种独特的艺术表现手法十分推崇，他认为这种艺术手法会让作品更具生命力与感染力。

所以他不仅在自己的作品中不断地运用这个方式，甚至还将这个方法运用到电影中，有时候他还会建议其他的作家也进行这方面的尝试。

只要布莱希特觉得合适，他就会在作品里运用蒙太奇的手法，反复的运用让他对这种表现手法驾轻就熟。而对于卢卡契反对的态度一直都很排斥，他觉得真正懂得艺术的人是会认同他的。在布莱希特眼中，自己虽然没有必要将这种手法在任何一个场合提出来，但也绝对不会为了想要创作独一无二的永恒形象就去反对这种技巧。

首先，提出蒙太奇表现手法的多斯·帕索斯不仅能够运用这一手段将人冲突的复杂关系表现得淋漓尽致，而且他可以冲破其他作家比较考究的表现氛围。其次，一本小说的优劣并不是来源于人物形象，尤其是那些来自于20世纪的人物形象，在文学上一定要有创新的能力，才能够让自己的作品完全冲破被旧形式束缚的状态。

在布莱希特看来，卢卡契只不过是将现实主义问题演变成了形式问题，也就是所谓的技巧问题。卢卡契一直都认为如果轻信那些将不同形式看作是不同内容，总是想要把形式和内容联系起来的人们的话，就大错特错了，因为那些人总是不喜欢用技巧来看待问题，他们会认为这些都是太过于机械化的东西。

很多人都会将马克思主义当作是创作的精神，但是马克思并没有告诉作家们什么才是创作技巧，即使是太过机械化，只要从心里去接受，并没有什么可以让我们后退的理由。在作家的行列中有很多人都会反对斯大林的表现理论，但是他们又会常常利用斯大林的话来表达自己的想法。

布莱希特一直都对卢卡契的言论很反感，认为他们这一派不过是在用形式手段处理形式问题，布莱希特想用他自己的理论将这一派的本质彻底揭开。

在他们眼中，资产阶级现实主义者都有一种非全面的现实主义，在他们心里都还有可以追随的人，但是如果将这些人的思想摆正，一切将恢复正常，所以我们要先接受他们的想法，然后再加以利用并且重新进行组织。马克思只不过是能够得出新结论的李嘉图。可实际上肖洛霍夫并没有任何迹象上的唯物主义表现。

布莱希特提出只有发明新的表现形式才能够处理现实问题和素材，他反对卢卡契的一个原因也是不想把现实主义变成只能够和形式有关的东西，这一切都不是马克思主义态度。布莱希特并不关心形式的新旧问题，他只想要一个可以适合自己的表达形式。

布莱希特认为，一切妨碍人们了解社会原因的形式都应该抛弃，我们必须要接受能够让我们了解社会原因的新形式。而卢卡契却一直单纯地想要保存旧的形式。在他的文章中，布莱希特看不到任何分析，只不过是给当代的小说写规定条令。

纵观这场论争，卢卡契这位学院派的批评家的苦思冥想更像是古典文化的拥簇者，而布莱希特则作为现代艺术的实践者、探路者，誓将现代艺术发扬光大，令其充满新的时代色彩。

5．不要带着杂念创作

如果现实状态本身就已经很坏了，在小说里再营造一个全面的状况又有什么用途？

"文学开始没落的现实完全是因为那些不肯和我站在统一战线的作家造成的。"卢卡契一直都没觉得自己的言论有什么不妥。

"真是笑掉大牙，一个连现实都看不清的人还敢说自己的观点是正确的。"布莱希特并不觉得卢卡契的这种理论能够给社会和文学带来什么收益，反而阻碍了社会的发展，甚至是在形式上不断地重复旧体制。

也正是因为卢卡契穷追猛打的攻击让布莱希特有机会真正了解到先锋派的一些作品，也是通过对这些作品的了解，让他开始在创作上有了新的体会和试验机会，他认为只有善于使用新的表现手法的作家，才能够创作出当代最伟大的作品。

先锋派很多小说不仅具有民间性，而且通过新的表现手段的运用更加使小说体现出现实主义内容，观看讽刺类的小说，不是笑的次数来决定这本书的好坏，也并不代表着是不是因此妥协。

布莱希特认为乔伊斯的作品更有现实主义意义，虽然他并不是卢卡契所欣赏和承认的二十世纪作家。布莱希特虽然有很多观点都是正确的，但是在一些细节上并没有过多重视，导致有些东西认识得并不是很清楚，而在这方面卢卡契却一直都做得要比布莱希特出色。

虽然两个人在表现手法上的争执很激烈，但因为在当时的社会影响下这些都是不能公开进行的，可这一次的争论在卢卡契发表了《马克思和意识形态衰亡的问题》后达到了新的高峰，这本书不仅是对他自己理论的一个总结，更是对布莱希特他们的一个正面攻击，不过布莱希特还是很友好地呼应了他。

布莱希特在日记里写道，虽然卢卡契无时无刻不在提醒着所有作家，人才是整部作品的主线，但是他过分地提到现实主义，却像是纳粹在糟蹋社会主义一样的糟糕，在这个时代生活的现实主义作家们没必要非得成为辩证唯物主义者，只要能够努力地塑造出可以真切的感觉和体验到的现实就可以了，不一定非要去考虑到他们的世界观和偏见之类的问题。

很多保守的作家之所以能够成功地表现现实状况，正是因为他们是这么做的，在他们眼里资产阶级和无产阶级的现实主义者是没有差别的，但是两者之间是不是也能够做到没有矛盾呢？还有很多未知的问题没有能够找到合理的答案。

尼默勒尔牧师是一个榜样，他是唯一一个没有杂念的在坚持现实主义的人。其实进行完美的塑造是不需要任何知识的，然后太过于执念就会显得很愚蠢，也会在不知不觉中不再重视偏见而是现实。

现实主义不是你这样做了，别人在表现的时候也要跟着你这样做，这是一种最愚蠢不过的念头，只不过这对于卢卡契有着巨大的吸引力，但那都是他一个人的事。很多人莫名其妙地将马克思主义罗列出了一个范畴，而且提出很多想法都非常的荒谬，但却真实地存在。

有人曾经因为创作出了一个高尚的下层人物而得到了马克思的欣赏和认可。在他的作品里打击了资产阶级的偏见，但这一切在卢卡契眼中都是不可能的，作家的做法不仅莫名其妙而且荒诞可笑，似乎只要是卢卡契不欣赏的作品全都是在和自己的理念做斗争。

恩斯特·布洛赫和布莱希特的观点是一样的，1937年他曾经在自己的一篇文章中指出那些死守着教条主义的知识分子的行为和希特勒可以是同仇敌忾的，他对于卢卡契一派用马克思主义来反对表现主义的做法进行了严厉批评，在他的眼中，这些人都是从希特勒奉行的古典主义角度出发来批判表现主义的。

在布洛赫眼中，卢卡契的做法只能是再一次验证了歌德曾经的预言，虽然他们不服气甚至做出了各种反抗的举动，但是活在这个世纪的青年作家都在努力地希望寻找到新的创作手法和形式，用他们独特的眼光去见证这个时代的现实。

布洛赫还在为《言论》写的一篇批评文章中再次对卢卡契的看法进行了指责，在他眼中卢卡契只能是代表某部分守旧作家的想法，他所谓的完整的现实主义概念让他对众多的艺术家都提出了反对，只是他不知道标新主义者才是真正瓦解客观主义的先驱者。

布洛赫对于那些总是将消灭字眼挂在嘴边上的作家很反感，反而是布莱希特让他觉得新鲜，他认同布莱希特的创作理念，认为只有布莱希特这样敢于创新和挑战的作家，才能够真的挑起文学界的大梁。

6. 向真正的艺术致敬

布洛赫和艾斯勒为《新世界论坛》杂志一起合作写了继承文化遗产的文章，这一举动让卢卡契终于找到了可以抨击艾斯勒的理由，因为艾斯勒一直觉得卢卡契所谓的公式主义不仅在艺术上甚至是在政治上都是一种灾难。

艾斯勒认为一个好的艺术家，不是整天只想着要告诉其他的作家，他们的作品有什么样的缺陷和应该修改的地方，而是应该能够理解每个人在创作时遇到的困难。形式主义上的问题，不是单凭学院式的创作方式就能够摆平的，只有不断地进行创新和寻找，才能够让新的素材符合和服务于新的形式。

也正是因为如此，艾斯勒建议作家能够有创造性地继承遗产，并且用一种反对学院式的态度来看待遗产问题，就像当初大家对待纳粹的态度一样。只不过卢卡契在艾斯勒的这一番言论中得出，艾斯勒不过是对于德国曾经光荣的文学历史很陌生却又持有高傲和反对的态度，最糟糕的一派先锋派主义者。

当艾斯勒看到卢卡契对他的指责后，立刻进行了回击，他认为卢卡契这些莫须有的罪名很有可能让有些人因为害怕得到这样的评价，而不敢大胆地将自己想要的艺术形式表达出来，甚至会因此在其他的工种得到另类的美学诠释。对于卢卡契认为的德国光荣的文学历史已经完全和现实脱轨了。

后来布莱希特也写了《小小的纠正》，只不过没有被登上报刊，布莱希特认为卢卡契是在对自己和朋友进行公开的挑战，只是因为艾斯勒并没有在接受属于他的遗产时表现的多虔诚，艾斯勒拒绝接受所有的遗产，只在一大堆的遗产里随便挑了几样，不过他这样做只是为了方便自己在逃亡时能够简捷一些。

不同于以往这次较为明显的争论是在双重背景下进行的，卢卡契对于布莱希特他们和自己虽然面对战事同站在一个阵营，但是却和自己持不同意见的做法非常不满，甚至超过了对法西斯的态度。而布莱希特对于卢卡契这种不分轻重的做法也显得很气愤，这样的讨论时不时就会出现，也严重影响到了他的创作。

布莱希特认为，卢卡契多次的攻击，只不过是在为自己反对文学上一切倾向问题的辩解，他狭隘的眼光根本没有办法理解当代众多文豪为什么能够成功，很多人对于马克思主义并没有深刻的了解，只是勉强能够分清列宁和马克思主义之间的区别。

反而那些真正的资本家，对于共产主义的支持一直都是停留在口头上，从来没有在自己的作品中表现出来，可是他们却比那些一直在为此努力的作家们得到了更多的肯定和赞扬，甚至把莫斯科资产阶级的作家当作是现实主义的支持和让大家学习的榜样。

有很多和卢卡契观点相似的老人的世界观，虽然同样带有很大程度上的反动成分，可还在可以被接受的范围里，所以他们的做法并没有阻碍到去表达现实主义。例如卢卡契非常欣赏的托尔斯泰，他会不自觉地将托尔斯泰的表达手法和他自己本身的世界观进行区分。

但实际上卢卡契曾经指责现代派的作家都缺乏正确觉悟，他所指的就是那些作家对于非现实主义的写作手法，可是他认为托尔斯泰身上并不存在这样的矛盾，因为他的偏见是和人民运动不可分割的一部分。

卢卡契认为一个文学家能够在错误世界观的基础上写出一部伟大的剧作是非常了不起的，但托尔斯泰并不是唯一的例子，但是能够像他一样，在一种本身就错误的世界观里，实现真正伟大的现实主义的人并不多，尤其还是在从一个错误的角度让艺术产生了较为积极的效果。

只是卢卡契这么清晰的认知并没有完全运用到当代作家的身上，也正是因为这样，绝对表现主义对他而言，不过是独立社会民主的意识形态在文学上的一种表现形式，在他心中，只要是和自己作对的人都不会有好下场。

然而，布莱希特关于美学的理论更能够为现实主义和政治进行实践服务，卢卡契的坚持只能够让他的想法和追捧他的人们停留在一个较为高级的美学范畴里，曾经因为卢卡契一直都将当时在社会上很有影响的三位思想者的话引用，所以让很多人都以为他是受到了相关的文学欣赏习惯，但其实完全是一种误解。

卢卡契无论在文学上还是在政治上一直抱着教条主义心理，他从来都只对文学感兴趣，他想要鼓励人们动起来，也不过是要人们反对文学上的颓废派，并不是要反对法西斯，他所有的依据都是由一小部分的模范形式而来的。

布莱希特对于卢卡契的做法进行了尖锐的指责，一切文学形式的问题都在于现实，并不是什么美学，即使现实主义就是美学，人们不仅可以通过各种方式来掩盖真理，也能用很多方式来证明真理，我们必须要从斗争的需要中来创作能够对我们有帮助的美学和美德。

第十章　期冀峰回路转

1．好吧，我退让

为了能够使自己的作品成功上演，布莱希特在创作时终于做出让步，这一次他没有将实践和理论放在一起，这对以前的布莱希特来说根本是不可能的事，现在他不仅常常几个星期就能创作出一部新的作品，又同时兼顾自己的叙事理论的创作，而《购买黄铜》就是他创作的一部戏剧小册子，全文上下都是由对话组成，对他而言这是自己不能进行实践的补偿，这样稍微也弥补了一下布莱希特的愤懑心情。

从1937年开始，布莱希特的生活就过得有点窘迫，为了能够生存下去，他想学福伊希特万格用历史为素材写一部政治剧，原本他打算要写一部描写凯撒的剧本，而且皮斯卡托也承诺会在巴黎上演这部剧，但最后并没有能实现。

布莱希特不想和自己的同行一样，将大人物改变历史的剧目再次搬上舞台，他想通过凯撒和希特勒两个人的对比，突出历史人物在政治上的表现，但在没有搞清楚状况之前，布莱希特不知道应该怎么将凯撒定位。在后来的一次笔会上，布莱希特提出野蛮的根本来源于商业，所以在动笔之前布莱希特将凯撒定位成商人。

这个剧本创作初稿时，布莱希特的朋友建议他增加人物的兴趣和旧的表现手段，但是布莱希特最为感兴趣的还是要怎么提高凯撒的经商能力，布莱希特再次将自己擅长的表现手法运用到这部小说里，可是这部小说并没有真正意义上的完成，1939年因为外界的原因布莱希特不得不停止继续创作这部剧，但对于布莱希特而言并不是什么坏事。

为了能够缓和《圆头和尖头》上演后造成的不良局面，在朋友的帮助下，剧院接二连三上演布莱希特的作品，都获得了不错的评价，也让布莱希特在哥本哈根开始站稳了脚。西班牙的事件终于让人们开始觉醒，想要联合起来对抗法西斯主义。

1938年2月14日，《卡拉尔大娘的枪》在哥本哈根的剧院上演，主演都是由布莱希特最亲近的女人们来扮演，最后还有一位很受欢迎的女演员朗诵了由众多诗人创作的关于西班牙的诗歌，还有布莱希特专为流亡女演员创作的《流亡中的女演员》。当天到场的还有能够和高尔基媲美的文豪尼克索，这也意味着他是支持布莱希特的，也让布莱希特的地位开始有了明显的提高。

虽然布莱希特并不喜欢尼克索在回忆录中提到的观点，但还是十分欣赏他的作品和人品，甚至还答应可以为他的书进行前三卷的翻译，而施特芬则想要出版一份完全的德文版。只是布莱希特并不喜欢施特芬翻译的《失败》一书的作者诺尔达·格里克，认为他只是一个充满激情的理想主义者，虽然他在二战中付出了生命，但他的行为并不可取。

1938年布莱希特开始着手写一部《伽利略传》，要鼓励工人们勇敢地拿起武器反对法西斯，他很快就写完第一稿，原本他认为在丹麦上演这部剧是最合适的，可是欧洲的情况已经不容乐观了，在无计可施的情况下布莱希特想到了美国，后来这部戏一创作完成，布莱希特就把稿件寄到美国请人帮忙翻译成英文。

在1939年年初，布莱希特在看到官方开始越来越对流亡者的活动敏感化，为了明哲保身布莱希特表示会再创作一部表现伽利略为了科学所做的贡献，而且不会针对任何一个国家的剧本，在创作初期布莱希特将自己的看法加入到了剧本中，布莱希特深信理性对待战争一定能够得到胜利，而且坚信科学史具有进步性的意义。

在复活节来临之前，布莱希特带着贝尔劳离开了居住地，一个星期以后魏格尔也带着孩子们离开了，这一切都做得小心翼翼并没有被丹麦的警察发现，在朋友的推荐下布莱希特受到了一个瑞士团体的邀请，但施特芬只能在取得丹麦的国籍之后才能够去瑞士，布莱希特的朋友知道这个情况后愿意和她假结婚以达到拿到国籍的目的。

布莱希特很快就在斯德哥尔摩附近的小岛上找了个住的地方，贝尔劳就一直留在哥本哈根为他联系出版《斯文堡诗集》的事，布莱希特居住的地方虽然很偏僻，但是环境很好，后来成为流亡到此的人们的聚集地。

布莱希特到达当地之后一直很忙，不停地出现在各种场合，对欣赏他的人们进行政治方面有关的演讲，一方面他也答应了给一个业余的小剧团写剧本，但因为当地政府不允许布莱希特参加一切和政治有关的活动，所以他的作品都是署了不同的笔名。

布莱希特创作的两部作品都十分简单，是传统意义上能够达到政治宣传和戏剧风格的鼓动剧，严格意义上来说都是属于比较松散却很容易被理解的独幕剧，故事人物不仅形象而且夸张生动。

虽然这两部剧是不同名称和故事，但有本质上的联系。布莱希特只是想通过这两部剧用譬喻的手段告诉观众他在政治上的观点，而且还要让观众知道如果政府在战争中保持中立和不干预政策会给人民带来什么样的后果。

二战很快就爆发了，布莱希特在那些日子里一直不停地创作剧本，原本打算创作的《四川好人》是他早期创作的《爱情商品》的延续，而在瑞典生活时在不能继续完成这部创作时，布莱希特创作出了另一部描写妇女纪事的《胆大妈妈和她的孩子们》。

这部剧创作出来之后，布莱希特很满意，但随着战争的爆发，布莱希特也将这部剧修改得更为直接，布莱希特希望可以利用这部剧让观众更清楚地了解战争带来的后果，不过很可惜，原本被译成瑞典文的这部剧在即将上演的时候被叫停，之后创作的广播剧也没有能够如期在电台播放，而只有一个业余剧团演过一场皮影戏。归根到底是在《屠宰场的圣约翰娜》上演之后，布莱希特很少再有作品上演。

布莱希特要创作的决心并没有因为战局而被阻碍，他时常会和来当地进行各种访问的德国名人们讨论当前的政治形式，他也会和同样对马克思主义感兴趣的同行讨论，不过他做这么多事只是为了能够在自己进行创作时可以保持清醒的态度。

对于苏联当前的局面，布莱希特选择了中立，他并不想那么快就对斯大林在政治上做出的决定进行评判。布莱希特一直都想写一部《法西斯主义字典》，也一直和朋友谈论关于创作的事宜，他希望可以通过这件事能够让原本持有不同意见的朋友们合作。

布莱希特和他的朋友曾经在里丁戈举行过多次聚会，他们一起谈论政治，并且根据战况创作作品，后来他还和画家汉斯·托姆布鲁克一起创作了一幅作品，一直挂在瑞典人民之家的俱乐部里。

布莱希特一直要求托姆布鲁克的画一定要将工人的创造力和凝

聚力表现出来，在他眼里只有工人才能成为世界的建造者。和别的艺术家相比布莱希特在思想上很强势，而且他能够通过发现对方的弱点来为他们寻找一种新的工作方式和创作理念。

也许能难得住布莱希特的只有日渐麻木和令人沮丧的事件每天都在发生着，后来去赫尔辛基的布莱希特写信给托姆布鲁克，他认为虽然现在工作很难进行，但是不试一试就不会知道是否能够成功。

2．最后的见面

本来布莱希特想要在瑞士坐船去美国，可是因为纳粹党越来越猖狂，布莱希特在还没有拿到美国签证的时候就不得不离开。布莱希特对这个已经有了感情的国家很舍不得，但是他必须再次进行逃亡生活，而去芬兰是最安全的选择。

在芬兰布莱希特和一群逃亡者得到了同行的礼待，尤其是海拉·伍里约克和艾尔摩尔·迪克多尼斯一直都非常照顾他们，但是因为芬兰当时的生活条件和环境并不是十分好，他们的生活也相当的艰苦。因为布莱希特要想去美国还要再重新申请护照，所以这群人只能先找了一些便宜的房子住下。

布莱希特希望可以尽快离开这里去美国，而这个时候布莱希特不仅要负责家里的所有开销，还要照顾他的两个情人，尤其是施特芬当时已经病得很重了，为了能够更好地照顾她，布莱希特将她接到自己的家中，魏格尔接受了她的存在，只是魏格尔一直都不让贝尔劳住进来，后来因为有演出任务，贝尔劳又回到了丹麦。

但丹麦当时的情况已经很危险了，布莱希特希望贝尔劳可以一直留在自己的身边，并且不断地向她表白和示爱，后来当贝尔劳回到芬兰海拉的庄园时，她依然受到了大家的排挤，甚至连海拉都站在魏格尔这一面，承受双重压力的贝尔劳开始酗酒，这让布莱希特有些不安，但是他还是不断地重申自己对她的爱恋，更保证一定会带她去美国。

其实布莱希特对情人的保证不是单纯地想要她留下来的表现，他和这三个女人生活了大半生，他对她们有着很深的感情，而且每个人身上都有能够吸引自己的东西存在，尤其是贝尔劳，虽然在她喝醉了之后凶悍的表现让布莱希特很不满，但更多的时候她对自己的爱恋让他感受到了爱情的存在。

后来在经济的逼迫下海拉不得不把自己的庄园给卖了，而且芬兰在纳粹的暗示下已经同意他们经过芬兰之后去挪威，布莱希特重新找了一所房子住了下来，每天从广播里得知战况和芬兰目前的消息，当流亡者越来越清楚想要去美国的可能性已经很低的时候，布莱希特拿到了去墨西哥的入境签证，朋友们纷纷劝他立即动身，但是因为施特芬并没有拿到签证，他只能留了下来，他还在这期间创作了《流亡者对话》这部书。

虽然布莱希特清楚地知道现在的这种状况根本不可能有任何作品能够上演，但他还是一直保持最清醒的状态，他不允许自己轻易地屈服，他更不会和纳粹同流合污。尽管在那段时间里一直都很忙碌，但是他还是抽时间创作了一部"强盗剧"，《可以阻止的阿图罗·乌伊的上台》。

布莱希特仅用了三周就将这部戏创作完成了，但却完美地突出了对于强盗可恶行径的描写，布莱希特专门用几天时间将其中的诗歌部分进行润色和修改，而施特芬则为了他能将作品完美化，给出了很多批评的意见，促使布莱希特不断地修改，直到认为完美为止。虽然布莱希特已经意识到想要让别人接受他的作品是一个很漫长的过程，但他对自己的作品有信心。

在这部作品里布莱希特延续了《凯撒》里运动的剖析历史人物的手法，他要通过事件让观众认识到，一个骗子无论处于什么地位都是无法更改身份和性质的，而且布莱希特认为用一个悲剧的故事要比用喜剧更加的深入人心。

在芬兰布莱希特还完成了《四川好人》的创作，这部剧添加了很多中国戏剧元素，而且他更加注重在每个场面完整的展示，故事向人们叙述的善良终究是这个社会的主线，而人和人之间的关系会因为金钱的存在而改变，也会影响到生产力和爱情的发展。

布莱希特终于在1941年5月11日被通知可以去美国旅游，而施特芬也可以去美国访问好友，但因为她身体状况越来越差，在途经莫斯科的时候，不得不接受医院的治疗，原本布莱希特想要留下来照顾她，但是去美国的船可能是最后一次开航了，为了能够躲避战争，布莱希特不得不把施特芬一个人留在医院里。施特芬一点也没有责怪布莱希特的意思，就在他们告别的时候，她也显得十分的理解和宽容，布莱希特还送了一只戒指和一只小象首饰给她，施特芬告诉布莱希特她很快就会过去找他，没有人可以阻碍他们在一起，除了病重和战争，听了这番话的布莱希特感到很安心，可他还没有到达美国，就被朋友通知施特芬病逝了。

3. 实用的幽默喜剧

布莱希特时常会在夜深想起自己年轻的时候，在奥格斯堡和朋友们在一起的情景，只有这时他会觉得很想回家。可是每当他想到德国的战事，就会无比的痛心。后来在战争可能威胁到英国、纳粹又准备攻打苏联的时候，布莱希特创作了一部喜剧《潘第拉老爷和他的男仆马狄》，之后他又出版了《逃亡者对话》一书。

布莱希特用原有素材的幽默和创意加深了《潘第拉老爷和他的男仆马狄》故事发展，虽然不得不承认他的着重点出现了偏差，但是他清楚想要表达的是战争方面的问题，后来这部剧在布莱希特回到苏黎世后，马上进行了排练并且在他之后成立的柏林剧团进行了首演。这一举动也说明了布莱希特对于这部戏的重视和感兴趣的程度有多深。

而这部剧的创作还要来源于当时他想要和海拉·伍里约克一起参加一个剧目竞赛，而故事就是根据海拉的《锯屑公主》为蓝本改编而成的，只是因为他不喜欢海拉在处理素材时选用了传统的戏剧方式，在他改编时将这部剧定义为大众剧。

海拉的写作能力并不出色，但是布莱希特却深深地被她的讲述能力所吸引。海拉在开始创作之前干过很多职业，而且她会6种语言，她知道很多有意义而且很精彩的内战时期的故事，布莱希特想根据海拉的口述将故事变得更加完美，他在保留原有人物和素材的

布莱希特传

基础上用了半个多月的时间，就让整个作品焕然一新。

在海拉创作的《锯屑公主》里没有真正的矛盾，只是一部基本意义上的喜剧，在剧中身为博士的卡勒为了得到地主潘第拉的女儿，化身司机到他家去打工，后来在地主喝醉之后卡勒设计让地主答应了他们的婚事。

海拉的这个剧本和《快乐的葡萄园》内容上大致相似，最多也就算是一个描写了良性斗争的喜剧形式。布莱希特在没有改变结构的情况下，完全改变了主人公的命运和地位，故事里的地主潘第拉的性格，让他更加符合现实，他的双重性格代表了不同的两个阶级，酒醉的时候他是一个真实的人，而酒醒时就会成为一个无情的地主，布莱希特还为这个故事添加了两个新的人物，让故事看起来更加的严谨。

故事的男仆代表了智慧的人民，之后他又再次修改了故事的内容，并将它们之间的对立面取消，增进了彼此之间的亲近感，布莱希特还将男仆的名字改为马狄，后来因为布莱希特住的地方有一家佣工市场，他将在这里发生的事情添加到了故事里去。

其实在布莱希特修改这部剧的时候也参考了海拉后来重新编写的戏剧，但布莱希特在作品里无论从写作技术还是运用的手法上来说，让海拉比较陌生，但是她还是同意了布莱希特的修改方式，而且她还用芬兰语对这部剧作进行了翻译，并且又再次进行了修改。

布莱希特再三进行修改，在真正上演的时候这部剧又增加了新的人物，用来增强剧本想要表现出来的批判性，也增强了只有一个男仆的分量，他还为剧中的厨娘专门写了一首歌，用一个仆人的角度来评价在这个庄园里发生的一切。

这部剧是除了《三角钱歌剧》上演最多的剧目，而且每次上演都会以圆满作为句点，观众认为这是布莱希特唯一一部不再延续叙事剧模式的作品，而且这部剧无论放在什么时候都很实用，只要将人物变化种族就可以了，只是如果真的这么做的话，本来就不喜欢这部剧的人又会觉得这部作品是一部倾向文学，当然不能否认的是，如果真要这么去改编的话，很多内容都会失去了原本的意义。

　　科尔特纳尔认为这部戏的成功并不仅仅在于他的表现形式和故事情节上，在结构和表现手法上更加能够体现是为了要反对用闹剧形式表现社会和谐的剧作。但是很大程度这部剧的主人公并不具有代表性，只是体现了很多地主的特性，而且在这部剧的人物身上可以找到很多关于作者和他创作过的主人公的影子。

　　说到底，布莱希特创作的这部剧作不仅给他带来了好的声誉，而且围绕在他创作的人物的谈论一直没有停止过，不管地主是一个具有什么特性的人，也不管这个人身上具有怎么无法让人接受的缺点，一部能够引起人民共鸣的作品才是好作品，显然布莱希特做到了。

4．我要离开

　　如果不是越来越多的欧洲国家被纳粹统治，布莱希特是绝对不会离开的，美国一直都不是布莱希特想要去的地方。可是从目前的状况来看，美国是最安全的地方，当布莱希特到达美国的时候，他发现已经有很多人早就定居在这里，他的朋友们为他租了房子，甚至是被关在拘留营的福伊希特万格也在最后一刻逃脱来到了这里。

　　到美国的布莱希特很不习惯这里的生活，因为房子太小，贝尔劳只能租住在其他地方，而福伊希特万格却劝说布莱希特要尽快地适应下来，可是他从来没有遭遇过这些，悲伤一直都围绕着他，尤其是当他知道施特芬和本亚明相继去世之后，似乎让他陷入到了悲伤的极致，很久都走不出来。

　　布莱希特在这里感受到了孤独，当时的政治发展也让他无法继续创作下去，他在美国完全不能生活下去，在这里戏剧的创作只是一种创收的手段，而想要在这里生活下去就一定要有挣钱的手段，如果有什么新特的想法也能够因此挣到客观的费用。

　　布莱希特发现这里根本就没有人会在乎你是否有学历还是经历，只要你能够挣钱就可以了，这里还保留着最传统的民族特点，没有一个可以能够衡量自己价值的标准，布莱希特似乎在那个时候就已经知道了浪费文化和快餐文化的滋味。

　　这里的生活让布莱希特一直没有办法适应，但他不想那么武断地就对美国做出什么评价，因为一个地方的生活差异并不能代表整个国家，而能够给他好的建议的是一个他美国的朋友，他们在创作上有很多相同的理念，流亡至此的布莱希特受到了他热烈的欢迎，并且也表示将会给布莱希特找一份适合的工作。可是布莱希特的作品很多在美国是不适合上演的。

　　布莱希特能够居住在美国，大半原因是美国当时实行的自由政策，而这一政策的实施也带来了双方面的效果，虽然美国领导人的决策常常会遭到国内权威人士的反对，但是基本上实施的政策都能够为人民争得福利。

逃亡者对于美国领导人罗斯福都很支持，布莱希特的朋友在美国为他申请了居住权，并通过很多人的推荐肯定了布莱希特的成就。而罗斯福也为对抗法西斯的战争出了很大的力，不过这次抗争也是在美国经济状况还算稳定的时候。布莱希特并不是他的支持者，但是对于他做的决定却很赞同。

即使生活状态已经有了很大的转变，布莱希特还是对美国的生活感到无法适应，已经稳定下来的状态也不能让布莱希特忘记自己一直都是一个流亡的人，他发现这里的生活到处充斥着买卖。

在这里生活的流亡者，逐渐被社会风气所感染，他们都在暗暗地计较甚至是互相鄙视，根本忘记了大家都是从同一个地方流亡到此的人，大家越来越不团结，越来越多的不利于流亡者的言语在他们中间流传，布莱希特等人感到了恐慌，再这样下去有可能会引起美国政府的注意。

布莱希特从一开始就不想让自己搅入过多的纠纷，他在很多时候都处在中立的位置上自保，他不能像艾斯勒那样从一个聚会赶往另一个聚会，他更愿意攻击离自己远一些，只是有时候实在拖不过他才会参加一些政治没有那么强的聚会。

布莱希特对那些背叛了马克思主义的人总是看不起，尤其是当他参加了几次聚会之后，就彻底对他们没有好感了，对布莱希特来说，他们都是一群只会随风倒的人，没有什么资格谈论革命和政治，而过于教条的人也不是布莱希特喜欢的，尤其是那些在音乐上保守成规的人。

但是艾斯勒对他恩师的谦卑态度还是大大地感染了布莱希特，这也让他想起了自己的导师瓦伦丁。尤其是他听了艾斯勒老师的讲座之后，他终于明白为什么艾斯勒那么尊重他，他自己对于这位音乐大师也很欣赏和尊重。

艾斯特很快就在好莱坞站住了脚，除了有赖于他的性格和他参加的聚会给他创造了机会以外，他在1940年得到资助可以做一个项目的负责人，而且他还时常为一些电影作曲。有时候艾斯勒会劝布莱希特稍微放低一下姿态，但是布莱希特却一直都不听。

5．难寻工作

布莱希特一直都不喜欢托马斯·曼，对他的厌恶已经达到了极致，但艾斯勒却似乎很欣赏他，布莱希特认为这是对他的一种背叛，非常的不高兴，可托马斯·曼在很大的程度一直都是倾向共产党的。

虽然布莱希特并不喜欢托马斯·曼，但因为政治上的观点一致他和托马斯的哥哥亨利希一直保持着友好关系。当很多有才华的作家在美国找不到工作，反而是一些并不出色的人却能够得到相应的资助时，让布莱希特很气愤。

亨利希和他的朋友经常得到布莱希特夫妇的资助，这让他们都很感激，但是等布莱希特准备要去欧洲的时候，他们再次感到了恐慌。虽然托马斯也常常资助他们，可他的态度让他的哥哥和朋友都很反感，甚至在二战之后公开对他进行指责。

就在布莱希特曾经资助的都布林在自己的生日会上说出脱离现实的忏悔感言时，他十分的气恼，甚至连被他请来参加聚会的朋友也感觉受到了愚弄，而当时的托马斯在听到关于自己的不利言论时，表现得很平静，只是他为自己进行了申辩。

在好莱坞生活了一年多以后，布莱希特才慢慢开始适应，并且找到了一份工作。可是布莱希特并不能接受这里的创作环境和条件，所以大多的时候他并不会亲自创作，只有遇到他很喜欢的演员时，他才会将自己的创作拿出来分享。

布莱希特写的众多电影脚本并没有给他带来什么收益，这件事一直让布莱希特没有信心继续创作下去，他一方面想要和其他人一起合作，希望可以在电影界闯出一些名堂，一方面他开始广泛地和电影界的名人交往，希望可以通过他们的关系让自己能够在这一行站稳脚跟。

布莱希特一直希望可以为自己欣赏的演员查理斯·布瓦厄尔写一部剧本，但是他太固执，一点都不配合布莱希特的工作，而且经常会制造出一些意想不到的困难给他，致使布莱希特的很多计划都没有办法实现，他的才华却一直得到布莱希特的肯定。

布莱希特想要将自己的《四川好人》上演，但很多人认为这部戏虽然在很大程度上很精彩，却根本迎合不了观众的口味，无奈的布莱希特只能从改编能够适应观众的剧本下手。

布莱希特只要对一件事感兴趣，就会一直努力做到最好，在后来为了能够将纪录片和故事片完美地融合在一起，布莱希特和他朋友们做了很多的准备和努力，甚至为了谈论一个细节，常常要工作到深夜，为了能够达到简洁的效果，布莱希特更是废寝忘食。

布莱希特后来终于在好莱坞找到了一个机会，很认同布莱希特创作风格的投资商和他签了合约，并且给了他高昂的费用，但在等待拍摄的时候，投资商却一直反悔，将布莱希特辛辛苦苦创作的剧本一改再改，甚至在剧本的名称上也是经过了多次修改，最后定名为《刽子手也会死去》。

后来当有人企图将电影的作者名字布莱希特忽略掉时，布莱希特采用了法律，虽然有众多的人证证明他也是作者之一，可作家协会的最后仲裁法庭还是驳回了布莱希特的请求，这让布莱希特又一次失去了可能在日后有工作的机会。

布莱希特从来没有想过自己创作的剧本可以任由人修改，在拍摄和排练的时候他希望可以参加，但是这一次几个月的辛苦等于全都白费了，不过值得高兴的是他还有另外的三部给他带来了收入。然而他在美国生活了6年时间，大大小小也创作几十部电影脚本，能为他带来效益的实在太少。

1940年，布莱希特写了一个可以为他赚钱的剧本，本来是可以拍成电影的，但是因为众多原因也没有实现，而布莱希特在之后也只是偶尔能够找到一两份能够为他创作提供条件的工作，直到后来福伊希特万格将他们共同创作的小说版权卖给了一个电影商，他才得到了一笔足够他富裕生活一年的费用。

6. 开拓一片天地

在二战爆发后，美国成了流亡者最佳的聚集地，即使这里对流亡者也有很多的要求，但并不影响逃亡者来到这里，最吸引人的还是在1940年以后，流亡者可以在当地找到一份属于自己的工作。

想要在文艺界找到一份工作是很难的，经济危险让一半以上的剧院都关闭了，就连出版业也很糟糕，但还是有多半的艺术家寄希望于好莱坞，希望能够找到工作。也正因为如此，好莱坞的竞争越来越激烈，也带动了一部分人用消极的态度去对待这件事，不过美国方面倒是肯定了流亡者为美国文化做出的贡献。很多流亡者开始在美国定居生活。

流亡者自己组织的俱乐部并没有在美国起到太大的作用，当地人对于德国文化多少还是有芥蒂，出于无奈很多艺术家开始更多地了解当地文化和一些习惯。美国人对于德国的导演也不感兴趣，即使曾经在去德国旅游时很欣赏他的才华，很多人对于加入美国籍都觉得是一种耻辱。

可是想要在美国生存下去就必须要先学会成为一个美国人，不然就会遭到孤立甚至失去朋友，太过独特的行事会让人觉得不礼貌不懂得尊重，能够适应才是最好的办法。只是后来因为杜鲁门上台后，实行了一套有关流亡者的措施，才开始让居住在此地的所有的流亡者开始生活得小心翼翼。

虽然布莱希特很想让美国的观众认可他的作品，但是他的表现一直无法让他们接受，事实告诉他想要成为一个美国人是需要牺牲很多东西的，而他也始终和流亡者的组织保持一定的距离，他希望可以找到一个两全其美的办法。

即使布莱希特根据自己曾在纽约失败的经历清楚地知道自己的那套方法是行不通的，但他还是决定去一个拥有很多剧院的城市，他一定要用自己的才华证明给别人看，他是可以成功的，他希望可以得到很多的工作机会，并且能够和各地的流亡者进行对话。

不过他之所以想要去纽约的一个目的还是为了贝尔劳，他希望可以在好莱坞立足，这样的话他可能会放弃他之前拥有的所有东西。

贝尔劳在好莱坞的时候因为太过于依赖布莱希特而失去了自我，虽然他常常能和布莱希特过一个美好的下午，但是因为有魏格尔的存在，她在那个有他的家里并不受欢迎。所以当她有机会可以离开时，她立刻就同意了。

布莱希特对于贝尔劳的这个决定很无奈，虽然他给了她当地朋友的联系方式并托朋友照顾她，但是他还是希望贝尔劳可以留下来陪着自己，但是贝尔劳显然这次很坚决，并没有因他的甜言蜜语而心软，而布莱希特对于贝尔劳指责他不能替自己撑腰的话，让他感受到了压力和无奈。

到了1942年的8月，布莱希特终于有了一个完全属于自己的两层小楼在第26街，布莱希特这个时候再次要求贝尔劳能够回来，并给她寄去了家里的钥匙，他很想念贝尔劳的一个原因可能是因为自己一直都没有遇到新情人，如果艾斯勒不来陪他，他就只能一个人孤零零的。

后来贝尔劳在纽约找到了工作，也迫使布莱希特想要赶快过去，布莱希特在纽约租了房子并将钥匙寄给贝尔劳，但是贝尔劳根本就没有打算那么快就搬过去，他感到气愤的是，贝尔劳有了新的情人，而且不再遵守他们之间的约定，不过没过多久他们两个就又住在了一起。

在纽约的工作让布莱希特很兴奋，最让他激动的还是在这里他遇到了在德国时的好朋友，在他们那里他可以侃侃而谈，不过有时候他们也会因为政治问题而发生激烈的争论，但是并不妨碍他们的友情。

后来在纽约重聚的人们开始筹办了一个专门发德文的出版社，并且还为布莱希特举办了一个晚会，也是因为有这样的晚会让布莱希特开始和艾斯勒有了合作，也让布莱希特不再放弃任何一个可以出名的机会。

后来的布莱希特基本上都在为了自己的剧本能不能在当地上演而奔波着，有人建议布莱希特将《四川好人》改编为半歌剧形式的剧本，而布莱希特在这个时候重新回到了加利福尼亚，他要尽快将《帅克》创作出来。

离开纽约的布莱希特希望贝尔劳耐心等他，但是因为经济问题再加上布莱希特在好莱坞待了过长的时间，使他们不仅见不了面而且生活得很窘迫，这让贝尔劳越来越不安，她开始觉得布莱希特在那里肯定是有了新欢。

就在贝尔劳面对无处可去的时候，布莱希特希望她能够回来，可是贝尔劳却坚决认为这一切都是因为布莱希特才导致的，不过她还是认真地完成布莱希特给她的任务。后来布莱希特意识到自己情人的情绪严重影响到了自己工作时的心情，也为自己的生活增加了负担，对于贝尔劳越来越频繁的指责，布莱希特显得很无奈。

7．糟糕的窘迫生活

尽管投资商只是希望布莱希特能创作出一部娱乐性的戏剧，但是他还是一直坚持要写《帅克》，而且艾斯勒也同意会为这部剧作谱曲。布莱希特在创作完剧本后，立刻让贝尔劳拿着剧本找人翻译成英文版。面对朋友给他的资助，他只当是提前的预支行为，并认为他们这种态度就是支持自己。

后来这个剧本进行了两次英文翻译才变成了剧本，但对于布莱希特没有按照自己要求创作剧本的行为，魏尔感到很生气，而最气愤的是皮斯卡托，布莱希特并没有和他商量就更改了剧本，最后在布莱希特提出要和他一起导演后，才得以平息，只是魏尔却一直担心剧本的上演并不能带来什么收益，可能会因为它强烈的政治观点而受到政府的关注。

布莱希特一直想要去迎合美国的市场，不停地调整整部剧的口味，但一直没有人愿意去排练这部剧，美国的戏剧家也认为这部戏并没有上演的必要，但布莱希特一直也没有放弃寻找机会，直到1944年布莱希特才在查利·劳顿的帮助下排练并上演了这部剧。

这部剧并不是以前的风格，布莱希特希望通过帅克这个矛盾体来告诉大家为了改变无产阶级武力战争是很有必要的，无产阶级已经不符合时代的要求。在经过了几个月的努力后，布莱希特写信给贝尔劳告诉了她这个喜讯，并让她再忍耐一段时间，他很快就可以拿到钱然后回到她的身边。

后来布莱希特在电影名人的帮助下成功将自己的《高加索灰栏记》推荐到了百老汇，但是结果却差强人意，因为这部剧的政治评价太多，而这部剧是布莱希特在流亡时期创作的最后一部戏剧，布莱希特表示以后在没有经过试验的条件下都不会再进行任何一方面的创作。

很多评论家在看完他的这部作品之后都提出了要求，布莱希特愿意听从他们的意见修改这部剧，他很想得到上演这部剧的机会，布莱希特也能够在创作主人公的时候觉察出了自己遗留了很多问题，他也想通过别人的意见能够让自己的作品更加完善。

虽然在创作上布莱希特已经做出了很大的让步，但是还是有些人对他的创作不满意，认为无论从技巧还是内容上都太过大胆，就连自己的朋友对于这部剧也没有太高的评价，迫使布莱希特不得不再次做出了修改。

实际上这部戏是布莱希特为已经怀孕的贝尔劳写的，希望她可以勇敢而坚强地做个母亲，只是很可惜他们的孩子只活了几天就死了，布莱希特对于贝尔劳还是一样的好，但是在她最痛苦的那几个星期，他却一直都没有在她身边，而布莱希特在自己的日记里记述贝尔劳分娩的时候也只是轻描淡写。

后来贝尔劳在看到布莱希特的日记后认为他很无情，根本就不知道要关心自己，可是布莱希特向来都不会在自己的日记里记述私事，后来布莱希特向贝尔劳道歉，但在贝尔劳开始大量酗酒后，他选择躲避她，可还是时不时就给她写些诗歌什么的，希望她能够从阴霾里走出来。

后来贝尔劳突然就离开了，让布莱希特有些不知所以，但是这次并没有太多的不安，可能因为不能让贝尔劳快点好起来，让他越来越觉得自己可能真的是爱她并需要她的，也让他觉得两个人保持距离是最好的办法。

可是后来贝尔劳将自己的不幸全都推到了布莱希特的身上，她认为如果不是布莱希特的话，自己现在应该过得很好，而布莱希特对于她否认过去一切的做法有些反感。

8．豁然开朗

贝尔劳一直都不明白在二战结束后，为什么布莱希特不回去建设第二个德国，一直还留在美国，但从他的言语上还是能够相信有这样的一个国家存在，很多个为什么让贝尔劳想不通。

其实在布莱希特心里回国才是最重要的问题，他不想留在美国并拥有美国的国籍，但在没有搞清楚战胜国将怎么对待德国前，他一直都很犹豫，尤其是通过报纸发现现在的德国只是一片废墟，并没有什么工人阶级努力重建的景象出现。

布莱希特很希望能在美国的政治方面有一席之位，但从来也没有得到过机会，美国政府并不愿意他参加到对纳粹的反对活动中去，他曾经向美国的政府叙述了自己的政治观点，最后他还是遭到了拒绝，所以只能通过广播向德国的听众和士兵进行演讲。

虽然布莱希特讨厌贝歇尔所奉行的民族主义，对他所提到的永恒德国的理论更是嗤之以鼻，但是布莱希特觉得要在德国实行反对民族主义和在战后建立一个系统的政治体系是非常有必要的，他认为有必要把现在出现的两个德国有效地区分，他还提议将所有在美国居住的德国作家都团结起来。

很多原本支持布莱希特的人在得知美国政府其实是反对的时候都明显地不再那么热情，但这并没有影响到布莱希特的热情，可是不管他怎么努力和宣传都没有多少人愿意加入到他们的行列中，而众人又将把不愿意参加的人说服的任务交给了布莱希特。

布莱希特深知自己的工作并不好做，他必须要将所有的流亡者都聚集到一起才行，他拼尽全力和自己的对手做斗争，但还是无济于事，很多人对布莱希特提出了原则上的观点，他们希望作为一个戏剧家不要太多地参与到政治方面上来。

其实很多人会有这样的反应都在于他们根本不相信德国会发展成为一个民主主义国家，但是在布莱希特看来，仅仅用武力解决战争是根本不够的，只有从思想上真正的转变，才能够在社会发展上取得成就，虽然他清楚很多人对于反法西斯的动机是不纯粹的，但是两个德国的出现，必定会两败俱伤，只有努力让它们合二为一，才能让德国完整化，只可惜法西斯主义思想已经深入到民主的心里去了。

美国政策的改变要从杜鲁门上台之后开始，战胜国开始对德国抱有不同程度上的幻想，美国开始对德国进行经济上的支援，并利用这一点在德国进行经济利益交易，而苏联在受到重创之后要求德国进行赔偿，在布莱希特眼中苏联的要求并不过火，在得到了美国的支持之后，他理想中的民主主义国家已经无法在德国顺利改革下去了，布莱希特只能在回不回德国的问题上进行再一次的深刻研究。

从战后的第二年开始，布莱希特的作品逐步减少，他希望自己的《伽利略传》能够有更多的资助，为此他对投资商讲述关于这部剧的全部细节问题。在劳顿没有拍戏任务的时候，他们总会因为剧本聚在一起，战争中产生的很多新兴事物都是他们修改剧本的前提条件。

在布莱希特眼中，劳顿是个能够在工作中将精神和感官享受相结合的人，他总能直言不讳地提出自己对于剧本的看法，从来不会执意要按照自己的意见去修改，本来布莱希特还希望邀请著名的演员一起合演，但是因为一直得不到资助，所以他的上演计划也是一推再推。而后来在纽约布莱希特遇到一个十分赏识他的投资人，终于在排除了各种困难之后，1947年7月末上演了这部众人期待已久的剧作。

就在排练的过程中，布莱希特为了回德国做积极准备，他开始重新和国内的朋友们进行书信来往，但他并不想去占领区，他在美国申请到了旅游护照，他希望可以先去瑞士，那里也时常有他的作品在上演。

有时布莱希特会邀请内尔为自己的剧目做舞台设计，但因为内尔已经在苏黎世站稳了脚，所以有时候根本达不到布莱希特的要求，内尔邀请他和自己团聚，但是布莱希特还是希望能够先去瑞士，他打算要为自己回国做好充分的准备，而建立一个属于自己的剧团是他现在的首要任务。

在魏格尔开始为自己的亲戚和朋友们寄送食物的时候，布莱希特却一直向他们打听德国的一些情形，虽然米兰有出版社可以为他出版一本选集，他也想在那里停留一段时间，可他心里想去的地方还是柏林。

布莱希特的朋友多次在柏林的剧院为他寻找工作的机会，而他们也同意可以先上演布莱希特的一部分戏剧，当时的布莱希特想着只有多一些工作的机会才能够为以后的路做好铺垫。

布莱希特曾经和皮斯卡托在创作上有过很大的摩擦，但他们从来也没有因此中断过联系，布莱希特将自己想在柏林创立剧团的想法告诉了他并征求他的意见，只是布莱希特并不想和他一起组建，他这样做不过是特需要有人支持他的观点和行动。

1947年3月末布莱希特在美国申请的出游瑞士的请求获得了批准，但是因为《伽利略传》正好在这个时候上演，让他不得不将计划推迟，当美国政府开始对共产党进行审讯和迫害时，布莱希特也没有得到幸免。

当时的好莱坞要将所有和共产党有关的人都清理掉，而布莱希特因为被人告受到了联邦调查局的注意，就在他意识到有危险想要离开时，却收到了来自于调查委员会的传讯单，当时有很多艺术家都收到了这个传讯，但是唯一不是美国人的只有他和卓别林。

卓别林当时的名气很大，他可以要求调查局在好莱坞对他进行审讯，可布莱希特的身份并不适合提出这样的要求，为了可以去瑞士，他必须要接受这样的传讯。

在当时的审讯中，10多个艺术家为自己的事业做出辩护，有些言语中还能够理智，但是有些过于正直的艺术家，因为语言激烈而遭到了不友好对待，很多人最后都受了不同程度上的指控并被送进了监狱。

作为外国人的布莱希特并不受美国宪法的保护，所以在审讯中他一直都是有问必答，可是很多人也是因为有宪法的保护，没有能够真正地保护到自己，相反布莱希特很幸运自己不是美国人。

艺术家们受到审讯都和是不是共产党有关，而布莱希特运用自己的机智躲开了所有会让自己有麻烦的问题，他能够证明的是虽然他一直都很支持马克思主义，但是从来都没有加入过任何形式上的共产党。

调查员还向布莱希特提到了很多关于好莱坞的工作，但这一切都是借口，他们想通过布莱希特来了解汉斯·艾斯勒和格哈特·艾斯勒兄弟之间的关系，因为他们涉及了间谍的问题，甚至还被自己的妹妹给出卖。

在审讯中汉斯·艾斯勒因为太过正直而遭到了不礼貌对待，而布莱希特在这方面却表现得很狡猾，他为了能够成功脱身，不仅贬低自己而且还将自己作品表达的内容进行了另一番解释，但从来不否认自己是马克思主义的忠实信徒。

对于他受讯的事并没有影响到一切事宜，当天下午他就和《伽利略传》的所有负责人一起去了纽约，后来他在广播里听到了自己在审讯时说到的一些话，他一直以为这会成为媒体报道的对象，但事实并没有。虽然他并没有在受讯时表现出什么勇气，但还是用自己的方式证明了想要坚持的一切。

第二天布莱希特就去了巴黎，他为在华盛顿不能发表的声明中对自己进行了深刻的批评和总结，同时也为自己在生命的最后做出了计划。

第十一章 终返故乡

1．终于回来了

　　布莱希特对于回到柏林依旧是小心翼翼，当他听说安娜·西格斯将会来巴黎时，他推掉了所有的工作恭候着她，他迫切希望从西格斯那儿得到关于柏林现状的消息，尤其是政权方面的。他们的见面很谨慎，因为现在的两个德国还处于对峙状态，尤其是流放归来的作家，每做一件事都必须小心翼翼，一方面要留意读者，一方面要对自己的安全负责。

　　布莱希特从西格斯那里得知，如果想要和柏林的占领区剧院联系，就必须要先定居在德国之外的地方，而且想要在柏林工作，靠一个人或者几个人的努力是完全不可能生存下去的，只有找到较为强大的一群人在一起才可能有所成就。

　　苏黎世在布莱希特看来是最安全的地方，他可以在那里观察和了解德国当前的形势。苏黎世的普富恩剧院在布莱希特流亡期间上演了他的三部作品，布莱希特猜测这个剧院很有可能会上演其他的作品，甚至有可能请他做指导。

　　布莱希特一直都希望有自己的剧团，并且可以回到德国去演出，照目前的情况看，将海伦娜·魏格尔安置在这个剧院里，他的妻儿送去维也纳，自己先租住在出租房里是最为安全的。

　　当得知布莱希特还居住在旅馆里时，戏剧顾问提出将自己的工作室腾出供他使用，而在内尔眼里，这一切都太过不寻常，没多久布莱希特为自己家里人找到了合适的住所，自己也搬到了一个可以看到苏黎世湖的住宅里。

布莱希特在苏黎世都安排妥当之后，一直都想要努力工作然后带着路特·贝尔劳去意大利，但前提是他的《伽利略传》能够上演，这样他就可以得到一大笔可观的费用。为了能够尽快实现这一愿望，路特·贝尔劳一直留在纽约为他联系制片商。

原本这个剧本可以在意大利做实景拍摄，但由于当时的舞台剧并没有得到观众和评论家的好评，所以致使原本很积极的制片商失去了兴趣，而在1948年年初布莱希特和制片商谈合作时还一直保持乐观的心态。

布莱希特没有任何旅行的费用，再加上想要在瑞士拿到去别的国家旅游的签证很困难，而苏黎世那边因为居住问题已经放宽了对布莱希特的要求，虽然布莱希特对于瑞士的政治并不怎么看好，但是他还是不得不承认在瑞士生活要比美国强很多。

布莱希特知道不能一直这样贫困下去，他开始积极寻找拍电影的机会，而在1947年，他就想通过将改编成电影剧本的《外套》出售，而获得拍摄电影的机会，只是一直都没有如愿，他只能在一些小的场合来展示自己的才华。

虽然布莱希特并没有取得在瑞士试验戏剧的机会，但他还是参加过两次排练，内尔一直都是他最佳合作伙伴，可是内尔并不满意自己的工作。在布莱希特流亡期间曾写信给内尔，表达了自己对他的信任，而内尔也在信里抱怨了德国现状的糟糕。

1947年11月5日，当布莱希特抵达苏黎世时，内尔激动万分，他终于又等到了两人合作的机会，在内尔看来布莱希特虽然外在有了一些改变，但是根本不能阻止他们两个人的感情与合作。

　　布莱希特一到了苏黎世就提出要和内尔合作将《伽利略传》上演，可是因为首演时并没有得到什么好评，而且距离现在都过了五年，剧团老板不敢确定是不是重新上演就能够受欢迎。剧团的工作人员对于他们的态度还算友好，但是大多在抵制剧本的排练，在布莱希特和内尔看来，传统的旧观念阻碍了他们的发展。

　　虽然流亡了很多年，但是布莱希特的本性从来没有改变过，即使在最苦最难的情况下，他都能够发挥创造力感召参与者。当汉斯·库尔耶尔提出要让布莱希特指导一部新戏的时候，布莱希特毫不犹豫地就答应下来。

　　1947年11月24日，布莱希特和内尔来到库尔耶尔在苏黎世的家中，在经过了激烈的讨论之后，他们选择排练《安提戈涅》。布莱希特用了几个晚上的时间就完成了第一场的修改，库尔耶尔对布莱希特的修改方法很认同，到了12月中旬，布莱希特就完成了所有的工作。

2．脱胎换骨

　　布莱希特把这一次的机会当作是回柏林的第一步，他坦言要将这一切看作是自我了解的阶段，很多年都没有过演出的魏格尔这次是主角，她一直在为出演胆大妈妈做准备，这也是布莱希特在柏林时承诺过的。布莱希特和内尔还有库尔耶尔之间一直出现分歧，可是排练出来的效果却又让他们必须要同心协力。

剧院的排练总是出现困难，没有固定的排练场所，而且演员经常要外出客串，可布莱希特还是想方设法地让所有人都对这部剧产生了兴趣，布莱希特总能在逆境中找到新的出口，而内尔却很容易气馁。

就在他的舞台效果通过后，他在日记中写道，这个剧团的环境实在太糟糕，和在德国最差的剧团都没法比，一个只有野心却不知道该怎么管理的人是没有什么建树的，虽然这部剧成功地上演了，但是收入却并不乐观。

布莱希特想要为这个剧出一本演出本，为了能够让他如愿，路特·贝尔劳也来到了苏黎世，为这个剧拍摄剧照，想要提供演出样本的想法在他排练《母亲》时就已经有了，但是想要让演出样本有发展，只会照搬是行不通的，只有正确地修改才能让样本不断地变化。

有价值的样本不是要取得非凡的成就，是能在创作中提炼到可利用的信息，当布莱希特的样本一出，就立刻有出版商和他签订了合同，并快速地将其出版。这本书不仅让柏林的观众对布莱希特的事业有了大概的了解，而且还让他们体会到只有辩证的统一才能够体现出创作的最高境界。

1948年《安提戈涅》上演时并没有得到太多人的注意，只有布莱希特的朋友们才会议论，直到很多年以后，这部剧的意义才被人发现。这部剧只上演了五场就被剧团负责人叫停了，但是在内尔眼里这是一部好作品，尤其是他得到了布莱希特的夸奖，让他的心情出奇的好。

就在布莱希特排练《安提戈涅》时就有人找到他，要求他在这部剧结束之后排演《潘第拉》，原本他想要让自己欣赏的男演员来出演主角，可惜因为这个演员有其他的角色要演，只能换了别人，在布莱希特心里他还是想要带着自己的剧目去德国演出，虽然他一开始并不是这么想的。

布莱希特和内尔一起商讨了排练的细节，但是由于内尔在其他地方接了设计舞台的工作，不得已布莱希特请了当初为他设计《胆大妈妈》的特奥·奥托，但只要内尔有空，他还是会帮助布莱希特做相关的工作，布莱希特也没有忘记将内尔带到《阿勒的车》的准备中去。

《潘第拉》是一部反映二战之后政治的歌舞剧，是为了揭示一些知识分子在战争期间冷眼旁观的可悲。但布莱希特不想给自己找麻烦，他在导演的行列里隐去了自己的名字，这一切并没有阻碍这个剧目的成功，也许舞台效果并不如意，布莱希特终于再次获得了别人的认可，他也克服了自己羞涩的性格，第一次登台致谢。虽然他的着装不符合场合要求，但是他的成就再次掩盖了不足。

苏黎世的小剧院始终不是布莱希特能够施展才华的地方，这里的环境和工作作风实在太差劲了，但布莱希特还是很欣赏这里演员的潜力，他们的才华让这个小剧院得以生存下来，但有些演员还是将陈旧的风格带到了这个剧院，这让布莱希特顿生反感。

在柏林的戏院再也看不到真正的戏剧，越来越多的装腔作势和虚假的表演。布莱希特想要回到柏林，但他一定要以一个挑战者的身份回去，他知道想要得到有利于自己的地位，就一定要先得到更多的机会，他一直和说德语的所有的国家联系，所以当有人提出要和他商讨组织一次艺术节时，他很痛快地就答应了。

就在这个时候，布莱希特朋友想要通过自己的交际网为他搞定去美占区旅行的签证，更有人冒险愿意为他在慕尼黑的小剧院给他找一个合作的机会。可是他直到很久才搞到了一个有局限性的签证，其他都还是个未知数。后来在霍尔德·菲尔特尔的建议下，布莱希特希望可以将维也纳的城堡剧院也放在艺术节的邀请行列。

3．重返柏林

1948年10月22日，当布莱希特出现在柏林时，他再次成为万人瞩目的焦点，那种氛围犹如当年他在美国接受审讯。布莱希特受到了文化界最高领导人的欢迎，并将他带到了聚集地，在那里等待他的都是很有名望的人。

布莱希特表示并不想在欢迎会上进行演讲，布莱希特这次来柏林依旧很谨慎，而这里的艺术家也满足了他的愿望，没有给他提供任何剧院，在别人眼里布莱希特始终是反法西斯的，在守旧的观众眼里，叙事式戏剧远没有纳粹时代的戏剧有观赏力。

布莱希特在柏林观看的第一部戏剧就是他比较厌恶的《占有》，从表演中布莱希特看不到任何真诚的东西。之后布莱希特被德意志剧院邀请排练新剧，但是直到《胆大妈妈和她的孩子们》上演前，才正式举行了会谈，要同官方一起合作。

官方的代表对布莱希特对剧本的提议并不感任何兴趣，却同意布莱希特组建自己的剧团，并可以在德意志剧院客串演出，这一切对于布莱希特来说是最好不过，但就在着手操办这件事时，布莱希特发觉自己想要在当地生存下去并不是很容易，如果要顺利地将自己的作品进行上演或者出版，就一定要找到能够和政府想克制的武器。

在经历过和德国青年联盟的领导干部争吵之后，布莱希特决定要参加社会主义建设，在他看来美国的政策和生活方式都不符合社会发展要求。

想要重建苏占区就必须先要奠定好基础，但因德国的摇摆不定，为奠定一个良好的社会环境增加了一定的难度，即使苏联给出了最大的帮助，但守旧的老派分子却还想拼了最后的力气，似乎别的占领国的抗拒才是他们坚持下去的理由。

二战之后的几年时间里，只要是重新回归的艺术家都会愿意先去苏战区，虽然那里的条件并不好，但是却很适合他们创作和发展。但让人不安的是，现在的党似乎并不看重要向世人展示他们在政治上的优越感，反而越来越倾向让更多的名人向他们靠拢，以显示党的统一性，尽管有诸多的不如意，但布莱希特还是甘愿全身心地投入到报效德国的战斗中去。

布莱希特一直没有国籍，所以很多行动都受到了限制，因为他组建的剧团一直都没有得到官方的认可，所以他只好暂时回到苏黎世，他希望可以在这里创作好《公社的日子》，并尽快在柏林剧院上演，在柏林生活一段时间回到苏黎世的布莱希特，突然发现这里没有他可以留恋的东西。

1949年4月20日，布莱希特的柏林剧院终于得到了官方的认可，得到这个消息之后他立刻写信给奥地利的联邦部长，希望可以因此得到护照，并保证在以后的艺术道路上始终为奥地利合作，为了表示诚意他还将一部旧剧进行了改编并送去了艺术节。直到1950年9月14日，布莱希特终于拿到了属于他的护照。

但当社会上的人得知这一消息时，却发出了反对的声音，迫使他退出了艺术节的工作，也让艾内姆受到了牵连，当布莱希特从朋友那里听说之后，马上写信向他道歉，并想要和他合作自己马上就要排练的新剧《莎尔茨堡的死之舞》。

4．鼓励创新

柏林剧院虽然得到了认可，但是最开始的几年只能在德意志剧院里客串，布莱希特一直努力想要得到官方更多的帮助，但是因为他早些年在社会上得到的评价并不是很好，所以一直都受排挤，可布莱希特还是希望那些有名望的艺术家可以来柏林和他一起奋斗，他不愿意看到那些没有骨气的艺术家玷污高尚的艺术。在《公社的日子》准备开拍时，布莱希特邀请了昔日的好友皮斯卡托来担任导演。

德国政权没多久就完全起了变化，那些流亡的艺术家不知道是否应该重新回到柏林，虽然目前的形势并不有利，但布莱希特坚持希望可以将柏林剧院发展下去，他鼓励一切社会发展有利的活动，他也渐渐因为自己的执着在社会上有了一点的影响力。

在50年代初期，布莱希特很快就和与他有同样理念的艺术家们成为另一个德国的艺术标杆，他们开始带着艺术走进政治，大力宣扬和平，联邦德国的很多政策都会使布莱希特站出来，他开始为一种新的生活战斗。

因为布莱希特对共产主义的要求太多，致使他在民主德国遇到了很多困难，原本要上演的《公社的日子》因太过尖锐，无法得到官方的支持，所以只能改上另一部戏，而布莱希特似乎认识到创作目的明确的戏剧应该要本着实事求是的态度，只是《公社的日子》却没有得到放宽，一直一拖再拖。

直到1949年11月12日柏林剧团在新政府要员的参加下正式上演的《潘第拉老爷和他的男仆马狄》并得到了肯定，布莱希特和他的朋友们才终于向成功迈出了第一步，但这和他们真正想要表达的叙事戏剧的距离还差很远。

布莱希特一直对民主德国尽心尽责，他希望可以通过自己的努力能够让更多的艺术家站出来，他欣赏一切敢于为共和事业做奉献的人，然而那些畏首畏尾的艺术家始终都是布莱希特看不起的，只是没有人重视布莱希特的忠告。

《公社的日子》被禁止后，布莱希特打算上演《家庭教师》，这是一部教育意义深刻的戏剧，虽然有很多人对于这部戏并不看好，可布莱希特坚信自己能够让它为民主德国的教育做出贡献。流亡多年的布莱希特在回到柏林后，看到现在的青年人的所作所为，突然有些茫然，他不知道该怎么做才能为这些人做出榜样，更不知道怎么样才能简单明了地让他们认识到共产主义的重要性。

1949年到1951年柏林剧团一共上演了六部受官方欢迎的戏剧，

而布莱希特希望能通过这些戏剧为建设新的德国和社会主义做出贡献，之后布莱希特将这6部戏都收录在了《戏剧实践》一书中，这些剧目运用了较为新的表现手法，得到了社会上的认可和欢迎，但也遭到了一部分人的质疑，可这并不妨碍布莱希特他们继续试验下去。

后来民主德国再次进行整治内部大改革，不仅因为突如其来的经济危机，还有一部分来自于俄国内部的整顿，这一系列活动迫使曾经在外流亡的党内艺术家，被解除一些职务甚至是开除党籍。在宣传方面始终进行的都是旧形式的艺术，一切和政治有关的都被统称为形式艺术。

但是布莱希特还是坚信民主德国可以挺过这一关，他利用一切手段提出自己的意愿，并且全力支持和平运动，他积极地向西德和艺术家宣传共产主义，但遭到了媒体和所有名望的嘲讽，即使他一再声明自己是完全独立的个体，也没有人愿意接受他的言论。

因为无法得到别人的支持，布莱希特似乎感到了无能为力，但却一直坚持到胜利的最后，当《鲁古鲁斯的下场》宣布不能上演的时候，他却斩钉截铁地坚持一定要上演，尤其是在这个特殊的时期，他顶住了来自不同的质疑，1951年秋天终于在国家歌剧院上演了这部剧。

布莱希特一直希望可以用真实的素材记录发生的一切，但是他的作品，在西方却得不到认可，似乎越是真实的作品越无法得到人们的赏识，布莱希特不惜在自己的作品里加入嘲弄的观点，将那些鼠目寸光的人戏谑一番。在布莱希特看来，他的作品只是想以一种轻松的方式将唯物辩证法告知大家，并为所有人呈现新社会的美好。

当政府要求工人可以提高生产效率而得到反抗时，他们想到要用艺术家宣传的手法来取得工人的信任，但布莱希特却认为政府这样的做法，不仅损害了工人们的合法权益，更将艺术家的职能夸大化，唯一的解决办法就是要平息工人们的怒气，而不是利用文化来制压。

政府原本想借用古典大师的艺术手段来解决目前的问题，但是却无法忍受形式主义的表现，原本布莱希特想要改编《浮士德》却因为他惯用的艺术形式遭到了严厉的拒绝和指责，他们不允许任何不规范的形式来糟蹋伟大的著作。

围绕着是否要将《浮士德》上演，要把主人公定位成什么类型的人，各派艺术家展开了激烈的争论，几个月无果的谈论让所有人都疲惫不堪，甚至放弃了最初坚持要上演的决定。布莱希特想要保住自己的朋友和合作圈，一直极力说服有反动情绪的人们，只是当他也认识到自己的剧团再没有最初的辉煌时，很多人都已经提前离开，甚至包括内尔。

布莱希特在这样的情况下，不得不让他重新考虑是否要将柏林剧团继续下去，另外要不要继续培养青年演员也是一个让他头痛的问题。但他有自己的打算，他希望可以马上排练《卡茨格拉伯》，这样的话就可以更深一步将民主德国的现状表现在舞台上。

第十二章　人生终点站

1. 回首感情路

布莱希特虽然时常会出现和魏格尔离婚的想法，但是从来也没有真正实施过，虽然在过去的几十年中，她并没有在事业上为自己出过力也从来不符合自己订下的演员标准，但是她却用自己的方式挽救了婚姻。也许正是因为魏格尔在舞台上出色的演出，让布莱希特开始重新审视她，布莱希特清楚如果没有妻子的存在，也许就不会有后来的柏林剧团。

布莱希特年轻时，和女人的关系一直都分得很清楚，他从来不会把爱情和感情混淆，众多情人也或多或少地了解他的个性，始终保持着最初的独立，也许只有这样才能让布莱希特的心停留得更久一些。

然而路特·贝尔劳却因为太爱他，而失去了自我，当她发现所有的不幸都来自于布莱希特时，贝尔劳一方面要求布莱希特爱她，一方面又将自己的火爆展露无遗，最后迫使布莱希特开始对她厌倦，朋友们也对她有了疏远，最后贝尔劳不得不去精神病院接受治疗。

布莱希特虽然有很多女友，但是却一直没有忘记贝尔劳给予自己的帮助，在重要的场合他也会时常称赞她，但是贝尔劳的疑心和自卑却越来越严重，有时候短暂的治疗和休养根本起不到任何的作用。

酗酒后的贝尔劳总是惹是生非，甚至曾经在大庭广众下给了布莱希特一个耳光，之后她被禁止靠近布莱希特，而他们之间的事也成为艺术圈一大谈论的焦点。可是贝尔劳根本不死心，她会在布莱希特去外地演出的时候偷偷跟着，只是布莱希特从来没有和她见过面。布莱希特写信给贝尔劳表示自己越来越害怕见到她，可是当她下定决心离开之后，布莱希特又开始对她念念不忘，甚至在哥本哈根买了房子与她继续来往。

布莱希特从来也改变不了自己的性格，他总能找到爱她的女友，从来不认为婚姻可以束缚一切，只是他觉得没有什么比友情更能长久的了。克特·赖歇尔出现在他的晚年时期，但这并不妨碍爱情的发生。

布莱希特的同事和朋友都无法理解布莱希特的爱情观，他总是鼓励人们要去用第三人称来讲述自己的生活，用足够引起别人注意的工作。但是没有人可以做到他的游刃有余，这也迫使布莱希特常常发脾气，甚至害怕赖歇尔过分地依赖会阻碍他为社会做贡献，他曾决定要摆脱赖歇尔的纠缠，但是到死都没有中断和她的关系。

布莱希特总是将自己身边的得力助手变成情人，甚至可以同时拥有几个情人，不过他还是能够把握好分寸，只是在拍戏的时候，因为私心会导致其他演员的不满，但是布莱希特根本不在乎，只要自己的小情人满意就好。

只有布莱希特无法控制自己的情绪时，魏格尔才会出现给予他最大的帮助和宽容。而布莱希特最后的情人是伊索特·基利昂，原本她是哲学家沃尔夫冈·哈利希的妻子，但是因为哈利希参加了一个反对政府的组织，而被布莱希特劝告和伊索特离了婚，并承诺两年后他们可以复婚。这样一来布莱希特就如愿以偿地拥有了美丽的情人。

布莱希特临死前向伊索特口述了自己的遗嘱，并希望她将遗嘱送到公证处备案，但是由于伊索特的疏忽，致使布莱希特死后，原本可以得到他遗产的众多情人，却在魏格尔的是唯一合法继承人的威严下，只拿到了可怜的一小部分，即使为他的一生做出重大贡献的伊丽莎白也是同样的下场。

可怜布莱希特生前如此看不起婚姻法，可是他怎么也不会想到自己死后，身后事全都按部就班地根据传统来做。

2. 一直在超越

随着年龄的增长，布莱希特不再固执地坚持自己从前的想法，认为叙事戏剧可以成为新的戏剧概念，他开始注重用事实证明自己是个现实主义者，想要通过自己的方式让观众能够在故事发展中看到感性的事，布莱希特认为改编旧的剧本远比创作新的剧本要强，他要通过辩证戏剧的概念来实现甚至是影响现实。

布莱希特根本无法接受别人对他剧本的指责，那会让他感到屈辱。在别人的眼里布莱希特的作品无法真正引起观众的共鸣，但在布莱希特心里，自己是通过自我认识来达到让观众产生兴趣，也正因为如此，他在剧本的创作上更是卖力。为证实这一点，布莱希特和埃尔温·斯特里特玛特尔共同努力了几个月，终于将《卡茨格拉伯》成功地改编成了演出本，这令他们很兴奋。虽然这次排练意味着他们必须妥协，但至少这部剧可以充分表现自己擅长的手法，总比去排自己不喜欢的戏剧强。

布莱希特一直都渴望能够得到重新试验教育剧形式的机会，他想要将大型教育模式展现给所有的表演者，而这种具有乌托邦性质的形式将会引发一场新的形式浪潮。之前的小型教育模式为教育剧做好了铺垫。

布莱希特想用教育剧的方式为工人阶级代表汉斯·加尔贝写一部戏，通过克特·吕特克精心整理之后，布莱希特用《法策尔》的形式将加尔贝的事迹表达出来，而这部戏将主要围绕着工人如果可以将历史的客体变成主体，就会改变一切，但不是一个人所能实现的，需要整个阶级团结起来。

布莱希特希望可以用《措施》或者《母亲》的写作风格来创作这部剧，可当时政治和戏剧条件都还不成熟，无法接受新的教育剧理论。1956年布莱希特临死前，有人问他，他的哪部剧可以代表未来的发展形势时，布莱希特的回答是《措施》。这个回答让他在死后一直受到大家的误解。

曾有人在书中看到没有必要把艺术家和政治放在一起，一个好的作品是不应该受到政治影响的话。很多人鄙视被当作精神病抓起来的艾茨拉·庞德，而布莱希特在这方面一直都做得很好，虽然他也并不赞同庞德将艺术和政治分开。布莱希特认为谁身上都会有缺点，但是不一定就是不好的，也许他们只是不幸地将自己过早地暴露出来，以至于成了所谓正义者攻击的对象。

布莱希特其实很欣赏庞德，他认为这个人要比很多虚伪的艺术家强。只是就此也引发了是不是要因为他的政治观点就将布莱希特的作品贬低做出了讨论。因为布莱希特在很多作品中都有赞成斯大林作为的言论，因此遭到了很多人的误会，认为这是布莱希特做的最失败的选择。但布莱希特却从来没有认为自己是在褒奖斯大林，虽然在某些方面斯大林确实做出了积极的贡献，他和希特勒虽然有很多相同之处，两人却不能相提并论。

3. 坚定信仰

斯大林去世后，布莱希特没有像其他艺术家那样在悼文里表达什么激烈的感情，只是实事求是地写出了对斯大林逝世的感受，虽然他去世带走了很多人的熙攘，可他的精神还会一直鼓舞着人们前进。后来布莱希特只在自己的作品里出现过两次斯大林的名字，他从来都不会刻意去美化斯大林，而是想通过领导人来表现群众对他的敬意。

由于斯大林去世，自由化的迹象开始在社会主义国家出现，原本想要在党内召开统一思想大会，谈论是否要现实地对待工人阶级的物质要求，可惜一切都还没来得及展开，工人们不满的情绪就全面爆发，接连举行罢工和游行，甚至西方想要借此机会将这一行为变成全面反共活动，无计可施的民主德国只能向苏联求助。

原本从布格夫回到柏林的布莱希特是要参加剧团的日常工作谈论会议，但是因为当局形势所迫，这个会议临时改为了谈论政治形势会议，布莱希特能够理解工人和百姓为何会有这么大的反应，党干部完全丧失了兑现最初诺言的能力，甚至将自己的位置摆得高高在上，想要和公众彻底脱离。虽然公众的反应过于强烈，但在布莱希特看来他们只是一群被迫无奈的可怜人，谁都会为了生存而放弃最起码的道德底线，布莱希特在街面上也完全没有看到出现武力的情况。

1953年6月17日早上，柏林剧团并没有继续排练自己的新剧，而是举行了全体大会，在会上布莱希特希望所有同事都能够积极参加到这场战斗中去，而且要随时准备利用广播电台的便利让更多人参与进来，但是考虑到这件事和政治关联太大，电台的负责人并没有同意布莱希特的意见。

也是在这一天，布莱希特还亲自给党领导人写了信，他希望民主德国可以不动用武力来镇压公众的起义，而是能够心平气和地将问题向公众解释清楚。就在这天下午，苏联的坦克和美国的坦克都开进了柏林，曾多次被布莱希特预言的第三次世界大战从来没有这么真实地出现过，最后公众的起义还是用武力镇压了。

这件事结束之后，党报公开了布莱希特的信，并将原本布莱希特想要劝他们向工人解释问题的话被误解为要和政府站在一边，这样的做法让布莱希特很愤怒，因为党报的解读破坏了自己在公众面前的形象，布莱希特不想让别人觉得自己和那些无条件顺从政府的艺术家一样。

虽然布莱希特没有办法纠正党报的错误解读，但还是决定要在另一份报纸上更正自己的态度，虽然自己是站在统一社会党的这面，但是肇事者和那些受到蛊惑的工人是不能混为一谈的，布莱希特认为只有真正地从工人的政治目标出发，才能给他们一种真实社会感，他再次重申了统一社会党因为这个错误决定造成的伤害有多大。

这件事的发生让布莱希特开始变得清醒，他意识到第三帝国的余力并没有真正的消失，想要从民主国家过渡到社会主义国家还需要更多的努力，首要条件就是消灭破旧的习惯，但看到统一社会党在这件事之后做出的改变，布莱希特开始认为也许这件事的发生不完全是一件坏事。

布莱希特始终希望统一社会党可以为了能够实现社会主义政策而积极努力，这一次事件让布莱希特更加坚信除了要进行必要的宣传外，利用历史唯物主义辩证法进行具体论证，不能忽视工人阶级和小资产主义之间的差距。

布莱希特在给党领导人写的信中提到，作为党员不应该逃避而是要积极去面对问题，对一切能够提高社会主义吸引力的建议该采取正确对待，对于这次事件应该进行深刻的讨论和反省。在信中布莱希特还尖锐地对政府部门的文化部进行了批评，并表示应该重新建立文化部。

1954年，贝歇尔上任文化部部长，布莱希特开始变得忙碌，对于他在1953年发表的关于大胆批评政府的行为得到了西方报纸的称赞，可是对于这样的赞扬布莱希特并不放在眼里。为此他特意写了一篇诗歌，重新阐述了自己的观点。他认为艺术没有局限性，但是也不是什么人和事都可以加以利用的。

布莱希特在反战中一直都是站在民主德国政府和统一社会党的这一边，一直凭借的就是既能让自由民主基本制度上台，又能在德国实行专职共产党政府形式的毅力。

4. 我就是在创作

虽然《爱因斯坦传》也在创作，但《杜来朵或开脱罪责职大会》可以说是布莱希特的最后一部作品，这是他在布格夫创作的，布莱希特为了使剧本完美，曾经在创作完成之后将它拿给演员和身边的朋友，然后根据他们的意见修改了多次，最后在1954年8月初完成最后的定稿工作。

原本布莱希特希望这部剧可以在柏林剧院上演，并且能够由本诺·贝松来导演，虽然1954年已经开始了初期的排练，但是很快就终止了，直到1969年这部剧才在苏黎世剧院首次上演。

布莱希特在流亡期间就计划写了一部关于理智的戏剧，之后再看到戈奇写的童话剧就产生了灵感，他希望将自己的理念和戈奇的童话相结合，更希望可以将自己所处阶级里那些不端正的态度和观点都写进作品里，有了这个想法之后，布莱希特就开始着手准备一切。

布莱希特在这部剧创作时并没有完全依照戈奇的童话剧，大部分的内容来自中国的童话《王子卡拉夫同中国公主的故事》，虽然只是一个童话，但是这个故事太过残忍却又透着现实。所以后来人在对此进行改编时都无法再像原著那般真实，虽然戈奇的作品保留了残酷的部分，但是也进行了艺术加工，使内容不那么难以让人接受，不过他也没有忘记要加入轻喜剧成分，使内容更加民间化。

席勒曾经将戈奇的童话改编为剧本，但是瓦赫坦戈夫更喜欢童话，他认为当年的席勒还无法真正体会原作品的含义。席勒的剧本只是在童话剧里删除了比较讨巧的部分，而戈奇的作品属于随心所欲类，席勒的剧本却增加了不少高雅类。

布莱希特描述的主人公却完全颠覆了之前两个版本，他将女主人公的形象彻底改变，甚至让人憎恨和可怜，而在剧情的发展上，布莱希特也根据现实状况做出了修改，就是这样的修改同样令布莱希特萌生要创作和这部戏剧完全没有任何联系，却又脱不了关系的《图依小说》。

《图依小说》是布莱希特众多小说中最大的手笔之一，原本在《三角钱歌剧》完成之后就打算动笔的布莱希特，因为当时遇到种种不愉快的事情，他一直构思了很久。这部小说依旧是用中国故事作为背景，希望通过对知识分子的描写来揭露民主国家的丑态，他希望能够出现更多对社会有所作为的图依，是真正靠脑力的劳动者。

布莱希特将众多艺术家不为人知的一面当作素材记录在这部小说里，但是他一直都没有找到可以构思成完整的故事，他一再在《墨翟》里提起图依主义在当代社会的作用，而《墨翟》则是为这部小说起辅助作用而产生的，这时候他除了想完成这部小说之外，还想通过其他的小故事来展现图依。

布莱希特虽然早有开始创作的打算，但是因为小说需要的素材太广泛，一直都没能顺利进行，在他流亡期间，他发现大部分艺术家拥有的图依主义都要强过当时的法西斯，这让他感到有些痛心，他发现越是觉悟高的地方，这种图依主义越是猖狂。

后来布莱希特注意到只有到好莱坞才能找到图依的素材，在那里布莱希特也用了很尖锐的文字记录了图依们的生活状况，和一些著名知识分子对于阶级问题的态度。布莱希特发现虽然他们也会谈论政治，但是一旦真正深入就会胆怯，而布莱希特有时会因此怀疑自己的朋友是不是也成了图依。

布莱希特也曾怀疑在好莱坞想方设法地找寻电影方面的工作是不是也开始坠落为图依，当他再也无法赤裸裸地去揭示时，他终于明白在美国根本就不存在真正的图依，无论什么肮脏的勾当他们都不需要遮掩，完全是大方地进行，只有欧洲才会有图依主义的存在。布莱希特很快就打听到在美国的法兰克福社会研究学院掩藏着一批真正的图依，布莱希特对于那些拥有百分身家却要东躲西藏的图依总是持有讥讽态度。

法兰克福社会研究学院是大商豪们在马克思主义的感召下建立的，主要用来研究一些历史根源问题，当时很多富豪和科学家都对这个学院进行了资助，他们最成功的就是创办了《社会研究杂志》，但在布莱希特看来他们做出的种种只是为了想要保住自己在学院里的财产。

布莱希特接受霍克海默尔的建议，将在这个学院里发生的故事作为整部小说的主线，他将具有法西斯主义情结人充当为主人公，再根据所发生的事件将丑恶本质揭露出来，这一系列才符合《图依小说》的特点。

但可以肯定的是《杜来朵或开脱罪责职大会》不是用来诠释《图依小说》的，它只是用同学院为代表深刻刻画了人物的态度，它更像是对《伽利略传》的补充。这部剧最大的亮点也许是布莱希特用喜剧手法来表达法西斯上台后的种种。虽然这部剧脱离了德国的现实背景让人觉得并不怎么可靠，但这部剧想要表达的内涵却被发挥得淋漓尽致，可能让布莱希特唯一感到可惜的是，他的整部剧都没有摆脱原作的素材，在他心里自己是能够将一个虚幻并残酷的童话变成为具有历史意义的现实主义作品。

5．最后的旅途

柏林剧院在1954年拥有了真正属于自己的地方，布莱希特也开始真正的自由和完全拥有自我实施的权利。柏林剧院在自己的地方上演的第一部剧是《唐·璜》，排练历经8个月之久，虽然一切都在变好，但是布莱希特从来不敢怠倦，他想要在生命的最后再创造出奇迹。

布莱希特因为工作上的原因总是和合作者争吵，而且他喜欢在剧院里将出现错误的员工骂得狗血淋头，他认为这样的爆发也是他导演生涯的一部分，他无法相信在德国度过纳粹时期的人们，只有听到他们对于过去的评判才能让他信服。

布莱希特完成对《高加索灰栏记》的创作之后，考虑到政治现状立即开始排练《冬季战役》，他觉得这部剧是对纳粹的一种终结，虽然这种题材的小说从来没有被重视，但党却希望有人将它搬上舞台。

布莱希特对于贝歇尔的一些言论总是嗤之以鼻，可面对有什么重要的活动时，他总是不敢正面应对大家，即使这项活动是他自己发起的。尽管他们两个总是因为戏剧争吵，可在政治方面他们却始终站在统一战线。

1954年之后，布莱希特在德国开始受到重视，并且获得了国际斯大林和平奖，但这些荣誉多半是来自外国上的一些支持和他在政治上的一些举动，他的文学作品并没有帮助他什么。

在布莱希特获得至高荣誉后，他的作品才开始得到德国的一些评论家的认可，尤其是《高加索灰栏记》在巴黎取得成功。但布莱希特并不想把这部剧的成功当作他停滞不前的理由。这部作品虽然获得了成功，但在布莱希特眼中也许只有这部表现手法并不成熟的剧作才能真正展现德国的现状。

布莱希特在民主德国创作的作品无法和他在流亡期间的数量相比，也许源于他无法接受现实的冲击，可他从来不缺乏创作力，一些经历让他在创作中得到不多珍贵的素材，他的作品随时都有可能在变动，这也意味着他又朝理想社会迈进了一步。

虽然获得德国认可的布莱希特很乐意接受与政府要员会面，接受络绎不绝的人们的拜访，但没有多久他就厌倦了这种浪费时间的活动，他偶尔会去布格夫的一个大庄园里享受几天，只是那里的人也时常会拜访他，属于他的时间也许只有清晨，在布格夫布莱希特创作出了他最伟大的诗歌，他写下了自己一生的总结，并想通过自己的文字号召人们要对国家的创立有一种使命感。

老年时期的布莱希特总是很怀念自己在奥格斯堡的生活，虽然他无法摆脱自己是资产阶级的命运，但是他总想通过更换一种新的生活态度去接受新的社会主义态度，在他心里只有真正地运用起辩证法，才能够让国家彻底转型，只是很可惜，他的意愿在民主德国并没有被看中实施。

统一党太过自负，总是千方百计将和自己作对的人除掉。布莱希特认为只有平息了斯大林主义才能够真正开展辩证法，而最好的证据就是在社会主义国家开展辩证主义者的毛泽东，他的《矛盾论》是布莱希特最欣赏的书籍之一。

书中毛泽东表示只有在对旧的事物取得相应的支配后，才有可能将它发展为新事物。当1949年中华人民共和国正式成立之后，布莱希特才完全相信世界开始真正改变，他开始注重有关中国的报道，在他流亡的时候，也曾想要去中国，当然最后并没有实现。他曾在多部作品里提到的"人民智慧"就是从毛泽东那里学来的。

在布莱希特死后，民主德国才意识到他的作品和忠告是多么重要，再也没有任何一个艺术家可以和他一样那么深刻地揭露政治现状，这对德国来说是一个无法弥补的损失，再也没有人看不起他的作品，更多的人称他的作品为无法超越的经典。

布莱希特1956年8月14日逝世，在逝世前他曾经将自己不想要受到瞻仰的意愿转告给了他的朋友。起初他只是一般的感冒，但是一直不见好转，他的身体越来越虚弱，甚至无法让他正常工作，8月14日时他被诊断已经患上严重的心肌梗死，午夜布莱希特就在家中去世。

布莱希特的葬礼是悄悄举行的，当他的好友得知这一消息赶到墓地时，葬礼已经结束了，按照布莱希特生前的愿望，家人用钛棺埋葬了他。在他临死前曾给预计不能参加葬礼的内尔写了一封信：只有一大帮男人聚集在一起的时候才会给我唱赞歌，而我的女人们一定会留在家里。

在布莱希特下葬的几天里，很多人去墓地拜访他，并希望他就此安息。

附

录

贝托尔特·布莱希特生平

　　贝托尔特·布莱希特，1898年2月10日出生在巴伐利亚州的奥格斯堡。父亲是一家造纸工厂的经理。布莱希特从小就风流成性，并对戏剧有一定的天赋，和卡斯泊尔·内尔是从小玩到大的朋友。1917年，布莱希特进入慕尼黑大学学习文学，兼攻医学，后来被派往战地医院服务。革命结束后，他继续大学学习，对戏剧产生了非常浓厚的兴趣。

　　1918年，布莱希特创作了第一部短剧《巴尔》，攻击资产阶级道德的虚伪性；1920年完成剧作《夜半鼓声》；1922年写出《城市丛林》，并撰写剧评；1922年被慕尼黑小剧院聘为戏剧顾问兼导演；1924年著名导演莱因哈特邀请他去柏林的德意志剧院做戏剧顾问，并在这个时候创作了剧本《人就是人》。

　　1926年，布莱希特开始研究马克思主义，形成自己独特的艺术见解，并初步提出史诗叙事戏剧理论与实践的主张。1931年，布莱希特将高尔基的小说《母亲》改编为舞台剧。1933年，希特勒开始执政，他带着妻儿开始了长达15年的逃亡生活。

　　1948年10月，布莱希特携家人一同返回柏林（东）定居；1949年与汉伦娜一起创建和领导柏林剧团，并亲任导演，全面实践他的叙事戏剧演出方法；1951年因对戏剧的贡献而获国家奖金；1955年获列宁和平奖金；1956年8月因心脏病突发逝世。

贝托尔特·布莱希特年表

1898年2月10日出生在巴伐利亚州的奥格斯堡

1917年进慕尼黑大学学习文学，兼攻医学

1918年德国十一月革命爆发，他被派往战地医院服务

1918年写出第一部短剧《巴尔》

1920年完成剧作《夜半鼓声》

1922年写出《城市丛林》，并撰写剧评

1922年被慕尼黑小剧院聘为戏剧顾问兼导演

1924年担任德意志剧院戏剧顾问，创作剧本《人就是人》

1926年开始研究马列主义

1927年创作《马哈哥尼城的兴衰》

1928年创作《三分钱歌剧》

1930年创作《屠宰场里的圣约翰娜》和《巴登的教育剧》《措施》《例外与常规》等教育剧

1931年将《母亲》改编为舞台剧

1933年开始流亡在欧洲各国

1941年由苏联去往美国

1947年返回欧洲

1948年回东柏林定居

1949年创建柏林剧团

1951年获得国家奖金

1955年获得列宁和平奖金

1956年在柏林家中逝世